HET ESSENTIËLE TOMATENSAUS KOOKBOEK

100 hartige creaties voor elk pastagerecht en meer

Quinn van Dam

Auteursrechtelijk materiaal ©2024

Alle rechten voorbehouden

Geen enkel deel van dit boek mag in welke vorm of op welke manier dan ook worden gebruikt of overgedragen zonder de juiste schriftelijke toestemming van de uitgever en eigenaar van het auteursrecht, met uitzondering van korte citaten die in een recensie worden gebruikt. Dit boek mag niet worden beschouwd als vervanging voor medisch, juridisch of ander professioneel advies.

INHOUDSOPGAVE

INHOUDSOPGAVE **3**
INVOERING **6**
HETE TOMATENSAUS **7**
   1. CHILI SALSA 8
   2. CREOOLS HEET PEPERSAUS 10
   3. HARISSA 12
   4. HEET PASTA SAUS 14
   5. SALSA ALLA AMATRICIANA- SAUS 16
   6. MEXICAANSE MACHINEGEWEERSAUS 18
   7. PITTIGE TOMATEN- EN RODE PEPERSAUS 20
   8. SZECHUAN-TOMATENSAUS 22
   9. VURIGE GEROOSTERDE TOMATENSAUS 24
   10. HABANERO TOMATENSAUS E 26
   11. THAISE PITTIGE TOMATENSAUS 28
   12. CAJUN-TOMATENSAUS 30
BBQ-TOMATENSAUS **32**
   13. BARBECUESAUS MET APPELBOTER 33
   14. BARBECUESAUS VOOR SMOKEIES 35
   15. PITTIGE BBQ-TOMATENSAUS 37
   16. PITTIGE PERZIK-BBQ-TOMATENSAUS 39
   17. ESDOORN BOURBON BBQ TOMATENSAUS E 41
   18. HONING CHIPOTLE BBQ-TOMATENSAUS 43
   19. KOFFIE BBQ-TOMATENSAUS 45
   20. ANANAS JALAPENO BBQ TOMATENSAUS 47
   21. KOREAANSE BBQ-TOMATENSAUS 49
TOMATENSALSA **51**
   22. GEGRILDE CHILI-SALSA 52
   23. ARBOL-AVOCADO-SALSA 54
   24. HELDERE KREEK PICANTE SALSA 56
   25. ITALIAANSE SALSA 59
   26. TOMAAT JALAPENOSALSA 61
   27. ANANAS MANGO SALSA 63
   28. SALSA VAN MAÏS EN ZWARTE BONEN 65
   29. PICO DE GALLO-SALSA 67
   30. WATERMELOEN-TOMATENSALSA 69
   31. TOMAAT AVOCADO MAÏS SALSA 71
   32. MANGO-HABANERO-SALSA 73
   33. TOMATILLO SALSA VERDE 75
   34. GEROOSTERDE RODE PAPRIKA SALSA 77
TOMATENCHUTNEYS **79**

35. Fruitbarbecue chutney 80
36. Aubergine En Tomatenchutney 82
37. Tomatenchutney Met Chili 85
38. Maïs En Tomatenchutney 88
39. Pittige groene tomatenchutney 90
40. Paprika (Paprika) En Tomatenchutney 92
41. Fenegriekspruiten En Tomatenchutney 94
42. Basilicum En Zongedroogde Tomatenchutney 96
43. Zoetzure papajachutney 98

TOMATENPESTO 100
44. Basilicum zongedroogde tomatenpesto 101
45. Zongedroogde pestosaus 103
46. Kaasachtige artisjokpesto 105
47. Pesto van Franse Geitenkaas 107
48. Pesto van feta en zongedroogde tomaten 109
49. Pesto van geroosterde rode paprika en tomaat 111
50. Pikante pesto van tomaat en basilicum 113
51. Tomaat Walnoot Pesto 115
52. Tomatenpesto Rosso 117
53. Pesto van Tomaat en Amandel 119
54. Tomaat- en cashewpesto 121
55. Tomaat- en pistachepesto 123
56. Pesto van tomaat en pompoenpitten 125

TOMATEN PASTA SAUZEN 127
57. Basis Pastasaus 128
58. Pittig Pasta saus 130
59. Citrusachtige Pastasaus 132
60. Bier Pasta saus 134
61. Calcutta Pastasaus 136
62. Pittige Napolitaanse Tomatensaus 138
63. Geroosterde Knoflook-Tomaten Napolitaanse Saus 140
64. Balsamico Napolitaanse Tomatensaus 142
65. Tomaten Capresesaus 144
66. Pastasaus met Champignons en Tomaten 146
67. Pastasaus met tomaten en olijven 148

TOMATEN MARINARA SAUS 150
68. Dikke Marinarasaus 151
69. Marinarasaus van 30 minuten 153
70. Knoflook Marinara 155
71. Pastasaus Marinara 157
72. Salsa Marinara 159
73. Geroosterde Knoflooktomaat Marinara 161
74. Champignon Tomaat Marinara 163

75. Pittige Rode Paprika Tomaat Marinara 165
76. Spinazie Tomaat Marinara 167
TOMATEN ARRABBIATA SAUS **169**
77. Klassieke tomatenarrabbiatasaus 170
78. Geroosterde Tomaten Arrabbiatasaus 172
79. Pittige Tomatenarrabbiatasaus met Pancetta 174
80. Veganistische Arrabbiata-tomatensaus 176
81. Romige Tomaten Arrabbiatasaus 178
82. Arrabbiatasaus van geroosterde rode paprika 180
83. Arrabbiatasaus van zongedroogde tomaten 182
84. Champignon Arrabbiatasaus 184
TOMATEN ROOMSAUS **186**
85. Zongedroogde tomatenroomsaus 187
86. Wodka-tomatenroomsaus 189
87. Geroosterde Knoflook Tomaten Roomsaus 191
88. Romige Cherry Tomatensaus met Parmezaanse kaas 193
89. Basilicum-tomatenroomsaus 195
90. Pittige Tomatenroomsaus 197
91. Champignon Tomaten Roomsaus 199
92. Spinazie Tomaten Roomsaus 201
93. Roomsaus van zongedroogde tomaten en basilicum 203
94. Tomaat en geroosterde rode peperroomsaus 205
95. Tomaten- en Geitenkaasroomsaus 207
96. Tomaten- en Gorgonzola-roomsaus 209
97. Bacon Tomaten Roomsaus 211
98. Kruidentomatenroomsaus 213
99. Garnalen Tomaten Roomsaus 215
100. Romige Tomaat En Spinazie Alfredo 217
CONCLUSIE **219**

INVOERING

Welkom bij 'Het essentiële tomatensauskookboek', waarin we duiken in de rijke en smaakvolle wereld van tomatensaus. Tomatensaus is het hart en de ziel van talloze gerechten, van klassieke pastarecepten tot hartige stoofschotels en nog veel meer. In dit kookboek presenteren wij u 100 hartige creaties die de veelzijdigheid en verrukkingen van tomatensaus laten zien en inspiratie bieden voor elke maaltijd en gelegenheid.

Tomatensaus is meer dan alleen een smaakmaker: het is een culinaire hoeksteen die de basis vormt van talloze gerechten in keukens over de hele wereld. Of je het nu laag en langzaam laat sudderen voor een rijke en hartige ragù, het door pasta gooit voor een snelle en bevredigende maaltijd, of het gebruikt als basis voor soepen, ovenschotels en pizza's, tomatensaus voegt diepte, smaak en levendigheid toe. bij elk gerecht dat het aanraakt. In deze collectie laten we u zien hoe u de kunst van het helemaal opnieuw maken van tomatensaus onder de knie kunt krijgen en deze kunst gebruiken om overheerlijke recepten te creëren die uw smaakpapillen zullen verrassen.

Maar 'HET ESSENTIËLE TOMATENSAUS KOOKBOEK' is meer dan alleen een verzameling recepten: het is een viering van de eenvoudige tomaat en zijn ongelooflijke culinaire potentieel. Terwijl u de pagina's van dit kookboek verkent, ontdekt u de geschiedenis en culturele betekenis van tomatensaus, evenals tips en technieken voor het maken en gebruiken ervan bij het koken. Of je nu een doorgewinterde chef-kok bent of een beginnende kok, er zit iets in dit kookboek dat je innerlijke culinaire kunstenaar zal inspireren en prikkelen. Dus of u nu kookt voor een familiediner, een etentje organiseert of gewoon zin heeft in een geruststellende kom pasta, laat het "Essentiële Tomatensaus kookboek" uw gids zijn. Van klassieke Italiaanse recepten tot wereldwijd geïnspireerde creaties, er is een recept voor tomatensaus in deze collectie voor elke smaak en voorkeur. Maak je klaar om je kookkunsten naar een hoger niveau te tillen en te genieten van de rijke en hartige smaken van tomatensaus.

HETE TOMATENSAUS

1. Chili Salsa

INGREDIËNTEN:
- 6 middelgrote tomaten
- 2 jalapeñopepers
- 1 kleine ui, gehakt
- 2 teentjes knoflook
- Sap van 1 limoen
- 1/4 kopje korianderblaadjes
- Zout naar smaak

INSTRUCTIES:
a) Verwarm de grill voor in uw oven.
b) Leg de tomaten en jalapeñopepers op een bakplaat en rooster ze ongeveer 5 minuten, tot de schil verkoold is.
c) Haal ze uit de oven en laat ze iets afkoelen.
d) Verwijder het vel van de tomaten en de steeltjes van de jalapeñopepers.
e) Meng de tomaten, jalapeñopepers, ui, knoflook, limoensap, korianderblaadjes en zout in een blender of keukenmachine.
f) Mixen tot een gladde substantie.
g) Doe de salsa in een pot of luchtdichte verpakking en zet in de koelkast.

2.Creools Heet Pepersaus

INGREDIËNTEN:
- 10 habanero-paprika's, steeltjes verwijderd
- 2 teentjes knoflook
- 1/2 kopje witte azijn
- 2 eetlepels tomatenpuree
- 1 eetlepel paprikapoeder
- 1 eetlepel honing
- 1 theelepel zout

INSTRUCTIES:
a) Meng in een blender of keukenmachine de habanero-pepers, knoflook, witte azijn, tomatenpuree, paprika, honing en zout.
b) Mixen tot een gladde substantie.
c) Doe de saus in een pan en breng op middelhoog vuur aan de kook.
d) Laat ongeveer 10 minuten koken, af en toe roeren.
e) Haal van het vuur en laat de saus afkoelen.
f) Eenmaal afgekoeld, doe de saus in een pot of luchtdichte verpakking en zet hem in de koelkast.

3. Harissa

INGREDIËNTEN:
- 6 gedroogde chilipepers (zoals ancho of guajillo), stengels en zaden verwijderd
- 2 teentjes knoflook
- 2 eetlepels olijfolie
- 1 eetlepel tomatenpuree
- 1 eetlepel gemalen komijn
- 1 theelepel gemalen koriander
- 1 theelepel gemalen karwijzaad
- 1/2 theelepel gemalen kaneel
- 1/2 theelepel zout

INSTRUCTIES:
a) Doe de gedroogde chilipepers in een kom en bedek met kokend water.
b) Laat de paprika's ongeveer 15 minuten weken tot ze zacht zijn.
c) Giet de paprika's af en doe ze in een blender of keukenmachine.
d) Voeg de knoflook, olijfolie, tomatenpuree, komijn, koriander, karwijzaad, kaneel en zout toe.
e) Mixen tot een gladde substantie.
f) Doe de saus in een pot of luchtdichte verpakking en zet in de koelkast.

4.Heet Pasta saus

INGREDIËNTEN:
- 2 eetlepels olijfolie
- 1 ui, fijngehakt
- 2 teentjes knoflook, fijngehakt
- 1/2 kop hete saus naar keuze
- 1 blik (28 ons) geplette tomaten
- 1 theelepel gedroogde basilicum
- 1 theelepel gedroogde oregano
- 1/2 theelepel suiker
- Zout en zwarte peper naar smaak

INSTRUCTIES:
a) Verhit de olijfolie in een grote pan op middelhoog vuur.
b) Voeg de gesnipperde ui en de gehakte knoflook toe en bak tot de ui glazig is en de knoflook geurig is.
c) Roer de hete saus erdoor en kook gedurende 1 minuut.
d) Voeg de geplette tomaten, gedroogde basilicum, gedroogde oregano, suiker, zout en zwarte peper toe.
e) Breng de saus aan de kook en laat hem ongeveer 20 minuten koken, af en toe roeren.
f) Haal van het vuur en laat de saus afkoelen.
g) Eenmaal afgekoeld, doe de saus in een pot of luchtdichte verpakking en zet hem in de koelkast.

5.Salsa alla Amatriciana- saus

INGREDIËNTEN:
- 1/4 kop olijfolie
- 1 ui, fijngehakt
- 4 plakjes pancetta, gehakt
- 2 teentjes knoflook, fijngehakt
- 1 theelepel rode pepervlokken
- 1 blik (14 ons) geplette tomaten
- 1/2 theelepel zout
- 1/4 theelepel zwarte peper

INSTRUCTIES:
a) Verhit de olijfolie in een pan op middelhoog vuur.
b) Voeg de gesnipperde ui en pancetta toe en kook tot de ui glazig is en de pancetta krokant.
c) Roer de gehakte knoflook en rode pepervlokken erdoor en kook nog een minuut.
d) Voeg de geplette tomaten, zout en zwarte peper toe.
e) Breng de saus aan de kook en laat hem ongeveer 15 minuten koken, af en toe roeren.
f) Haal van het vuur en laat de saus afkoelen.
g) Eenmaal afgekoeld, doe de saus in een pot of luchtdichte verpakking en zet hem in de koelkast.

6.Mexicaanse Machinegeweersaus

INGREDIËNTEN:
- 2 eetlepels boter
- 1 (6 ounce) blikje tomatenpuree
- 21 kopjes gedistilleerde witte azijn
- ½ kopje honing
- ½ eetlepel mosterdpoeder
- 3 eetlepels droge nachokruiden
- 41 eetlepel hete kerriepoeder
- 2 eetlepels tacokruidenmix
- 2 eetlepels basilicum
- 2 eetlepels zwarte peper
- 2 eetlepels zeezout/koosjer zout

INSTRUCTIES:
a) Meng je ingrediënten in een grote pan.
b) Breng het mengsel aan de kook, zet het vuur laag en laat het 10 minuten sudderen. Koel voor het serveren.

7. Pittige tomaten- en rode pepersaus

INGREDIËNTEN:
- 2 rode paprika's
- 2 eetlepels olijfolie
- 1 ui, in blokjes gesneden
- 3 teentjes knoflook, fijngehakt
- 800 g tomatenblokjes uit blik
- 1 theelepel rode pepervlokken (naar smaak aanpassen)
- Zout en peper naar smaak

INSTRUCTIES:
a) Verwarm de oven voor op 200 °C. Leg de rode paprika's op een bakplaat en rooster ze in de oven tot ze verkoold zijn, ongeveer 25-30 minuten. Haal uit de oven en laat iets afkoelen.
b) Eenmaal afgekoeld, pelt u de schil van de geroosterde rode paprika's, verwijdert u de zaadjes en snijdt u ze in blokjes.
c) Verhit de olijfolie in een grote koekenpan op middelhoog vuur. Voeg de in blokjes gesneden ui en de gehakte knoflook toe. Bak tot ze zacht zijn, ongeveer 5 minuten.
d) Voeg de in blokjes gesneden tomaten, de geroosterde rode paprika en de rode pepervlokken toe aan de koekenpan. Breng op smaak met zout en peper.
e) Laat de saus ongeveer 15-20 minuten sudderen, totdat de smaken samensmelten.
f) Serveer de pittige tomaten- en rode pepersaus over gekookte pasta of gebruik naar wens.

8.Szechuan-tomatensaus

INGREDIËNTEN:
- 2 eetlepels sesamolie
- 3 teentjes knoflook, fijngehakt
- 1 eetlepel verse gember, fijngehakt
- 800 g tomatenblokjes uit blik
- 2 eetlepels sojasaus
- 1 eetlepel rijstazijn
- 1 eetlepel bruine suiker
- 1 theelepel Szechuan-peperkorrels, geplet
- 1-2 eetlepels chilipasta (naar smaak aanpassen)
- Zout naar smaak

INSTRUCTIES:
a) Verhit de sesamolie in een grote koekenpan of wok op middelhoog vuur. Voeg de gehakte knoflook en gember toe. Bak gedurende 1-2 minuten tot het geurig is.
b) Voeg de tomatenblokjes uit blik, sojasaus, rijstazijn, bruine suiker, gemalen Szechuan-peperkorrels en chilipasta toe aan de koekenpan. Roer om te combineren.
c) Breng de saus aan de kook en kook ongeveer 15-20 minuten, af en toe roerend, tot hij ingedikt is.
d) Proef en breng indien nodig op smaak met zout.
e) Serveer de Szechuan-tomatensaus bij je favoriete roerbakgerechten of over rijst.

9.Vurige geroosterde tomatensaus

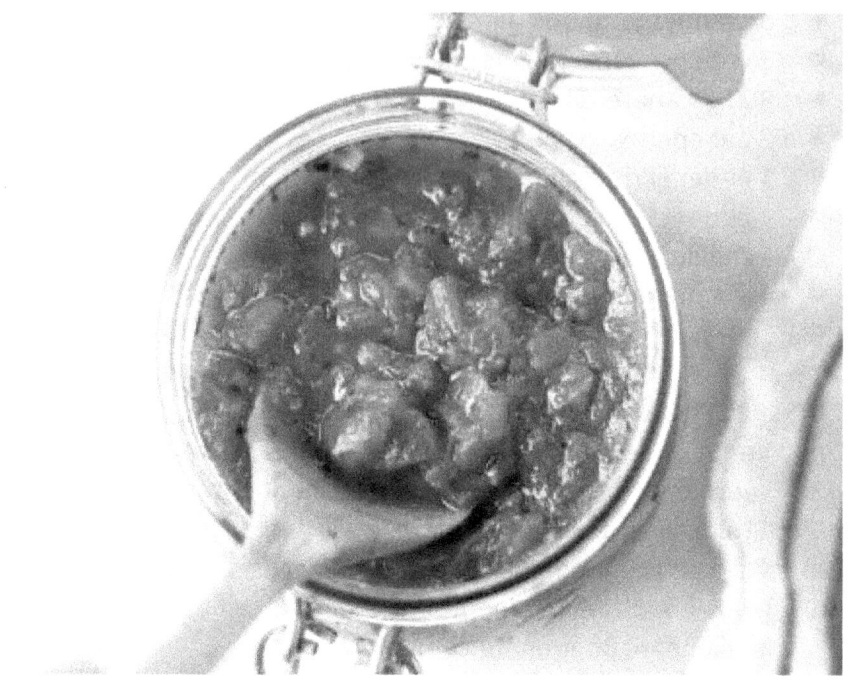

INGREDIËNTEN:
- 450 g rijpe tomaten, gehalveerd
- 1 ui, in vieren
- 4 teentjes knoflook, gepeld
- 2 chipotle pepers in adobosaus
- 1 theelepel gerookte paprikapoeder
- 1 theelepel gemalen komijn
- Zout en peper naar smaak

INSTRUCTIES:
a) Verwarm de oven voor op 200 °C. Leg de gehalveerde tomaten, de uienkwarten en de knoflookteentjes op een bakplaat.
b) Rooster in de oven gedurende ongeveer 25-30 minuten, tot de groenten gekarameliseerd en zacht zijn.
c) Doe de geroosterde groenten in een blender of keukenmachine. Voeg de chipotle pepers, gerookte paprika en gemalen komijn toe.
d) Meng tot een gladde massa en voeg indien nodig een beetje water toe om de gewenste consistentie te bereiken.
e) Breng de vurig geroosterde tomatensaus op smaak met peper en zout.
f) Serveer de saus over gegrild vlees, pasta of gebruik als dipsaus voor hapjes.

10. Habanero Tomatensaus e

INGREDIËNTEN:
- 2 eetlepels plantaardige olie
- 2 habanero-paprika's, fijngehakt (zaadjes verwijderd voor minder hitte)
- 4 teentjes knoflook, fijngehakt
- 800 g tomatenblokjes uit blik
- 1 theelepel gemalen komijn
- 1 theelepel paprikapoeder
- Zout en peper naar smaak
- Verse koriander, gehakt (optioneel)

INSTRUCTIES:
a) Verhit de plantaardige olie in een koekenpan op middelhoog vuur. Voeg de gehakte habanero-pepers en de gehakte knoflook toe. Bak gedurende 1-2 minuten tot het geurig is.
b) Voeg de ingeblikte tomatenblokjes toe aan de koekenpan. Roer de gemalen komijn en paprika erdoor. Breng op smaak met zout en peper.
c) Laat de saus ongeveer 10-15 minuten sudderen, zodat de smaken zich kunnen vermengen.
d) Serveer de habanero tomatensaus bij je favoriete gerechten, zoals taco's, gegrilde kip of rijst. Garneer indien gewenst met gehakte verse koriander.

11. Thaise Pittige Tomatensaus

INGREDIËNTEN:
- 2 eetlepels plantaardige olie
- 2 teentjes knoflook, fijngehakt
- 1 eetlepel rode currypasta
- 1 blikje kokosmelk
- 1 kopje ingeblikte tomatenblokjes
- 1 eetlepel vissaus
- 1 eetlepel limoensap
- 1 theelepel bruine suiker
- Zout naar smaak
- Verse korianderblaadjes, gehakt (optioneel)

INSTRUCTIES:
a) Verhit de plantaardige olie in een pan op middelhoog vuur. Voeg de gehakte knoflook en de rode currypasta toe. Bak gedurende 1-2 minuten tot het geurig is.
b) Giet de kokosmelk erbij en roer de tomatenblokjes uit blik erdoor.
c) Voeg de vissaus, het limoensap en de bruine suiker toe aan de pan. Breng op smaak met zout.
d) Laat de saus ongeveer 10-15 minuten sudderen, zodat deze iets dikker wordt.
e) Serveer de Thaise pikante tomatensaus met rijst, noedels of je favoriete Thaise gerechten. Garneer indien gewenst met gehakte verse korianderblaadjes.

12.Cajun-tomatensaus

INGREDIËNTEN:
- 2 eetlepels boter
- 1 ui, in blokjes gesneden
- 1 paprika, in blokjes gesneden
- 2 stengels bleekselderij, in blokjes gesneden
- 3 teentjes knoflook, fijngehakt
- 1 blik (14 oz) geplette tomaten
- 1 theelepel Cajunkruiden
- 1/2 theelepel gedroogde tijm
- 1/2 theelepel gedroogde oregano
- Zout en peper naar smaak
- Verse peterselie, gehakt (optioneel)

INSTRUCTIES:
a) Smelt de boter in een koekenpan op middelhoog vuur. Voeg de in blokjes gesneden ui, paprika en selderij toe. Bak tot ze zacht zijn, ongeveer 5-7 minuten.
b) Voeg de gehakte knoflook toe aan de koekenpan en bak nog 1-2 minuten.
c) Roer de geplette tomaten, Cajun-kruiden, gedroogde tijm en gedroogde oregano erdoor.
d) Breng op smaak met zout en peper. Laat de saus ongeveer 10-15 minuten sudderen, af en toe roeren.
e) Serveer de Cajun-tomatensaus over gekookte pasta of rijst, of gebruik het als dipsaus. Garneer eventueel met gehakte verse peterselie.

BBQ-TOMATENSAUS

13. Barbecuesaus met appelboter

INGREDIËNTEN:
- 1 blik Tomatensaus
- ½ kopje appelboter
- 1 eetlepel Worcestershiresaus

INSTRUCTIES:
a) Meng alles.

14. Barbecuesaus voor smokeies

INGREDIËNTEN:
- 1 blikje tomatensoep van 10 oz
- ¼ kopje Zoete augurkensaus
- 1 eetlepel Worcestershiresaus
- ¼ kopje ui, fijn gesneden
- 1 eetlepel azijn
- 1 eetlepel bruine suiker

INSTRUCTIES:
a) Meng alle ingrediënten en giet er 1 pond smokeies over en laat het in de waterkoker sudderen.
b) Je kunt 1 pond hotdogs gebruiken die in stukjes zijn gesneden in plaats van smokeies.

15.Pittige BBQ-tomatensaus

INGREDIËNTEN:
- 1 kopje ketchup
- 1/4 kopje appelciderazijn
- 1/4 kopje honing
- 2 eetlepels melasse
- 1 eetlepel Dijon-mosterd
- 1 eetlepel hete saus (naar smaak aanpassen)
- 1 theelepel gerookte paprikapoeder
- 1/2 theelepel knoflookpoeder
- Zout en peper naar smaak

INSTRUCTIES:
a) Meng alle ingrediënten in een pan op middelhoog vuur.
b) Roer goed om te combineren en breng aan de kook.
c) Zet het vuur laag en laat de saus 10-15 minuten koken, af en toe roeren, tot hij iets dikker wordt.
d) Breng op smaak met zout en peper.
e) Haal van het vuur en laat afkoelen voordat je het gebruikt. Bewaar eventuele restjes in een luchtdichte verpakking in de koelkast.

16. Pittige perzik-BBQ-tomatensaus

INGREDIËNTEN:
- 1 kopje ketchup
- 1/2 kopje perzikconserven
- 1/4 kopje appelciderazijn
- 2 eetlepels Worcestershiresaus
- 1 eetlepel Dijon-mosterd
- 1 theelepel gerookte paprikapoeder
- 1/2 theelepel knoflookpoeder
- Zout en peper naar smaak

INSTRUCTIES:
a) Meng alle ingrediënten in een pan op middelhoog vuur.
b) Roer goed om te combineren en breng aan de kook.
c) Zet het vuur laag en laat de saus 10-15 minuten koken, af en toe roeren, tot hij iets dikker wordt.
d) Breng op smaak met zout en peper.
e) Haal van het vuur en laat afkoelen voordat je het gebruikt. Bewaar eventuele restjes in een luchtdichte verpakking in de koelkast.

17.Esdoorn Bourbon BBQ Tomatensaus e

INGREDIËNTEN:
- 1 kopje ketchup
- 1/4 kopje ahornsiroop
- 1/4 kopje bourbon
- 2 eetlepels appelazijn
- 1 eetlepel Worcestershiresaus
- 1 eetlepel Dijon-mosterd
- 1 theelepel gerookte paprikapoeder
- 1/2 theelepel knoflookpoeder
- Zout en peper naar smaak

INSTRUCTIES:
a) Meng alle ingrediënten in een pan op middelhoog vuur.
b) Roer goed om te combineren en breng aan de kook.
c) Zet het vuur laag en laat de saus 10-15 minuten koken, af en toe roeren, tot hij iets dikker wordt.
d) Breng op smaak met zout en peper.
e) Haal van het vuur en laat afkoelen voordat je het gebruikt. Bewaar eventuele restjes in een luchtdichte verpakking in de koelkast.

18. Honing Chipotle BBQ-tomatensaus

INGREDIËNTEN:
- 1 kopje ketchup
- 1/4 kopje honing
- 2 chipotle pepers in adobosaus, fijngehakt
- 2 eetlepels appelazijn
- 1 eetlepel Worcestershiresaus
- 1 eetlepel Dijon-mosterd
- 1 theelepel gerookte paprikapoeder
- 1/2 theelepel knoflookpoeder
- Zout en peper naar smaak

INSTRUCTIES:
a) Meng alle ingrediënten in een pan op middelhoog vuur.
b) Roer goed om te combineren en breng aan de kook.
c) Zet het vuur laag en laat de saus 10-15 minuten koken, af en toe roeren, tot hij iets dikker wordt.
d) Breng op smaak met zout en peper.
e) Haal van het vuur en laat afkoelen voordat je het gebruikt. Bewaar eventuele restjes in een luchtdichte verpakking in de koelkast.

19. Koffie BBQ-tomatensaus

INGREDIËNTEN:
- 1 kopje ketchup
- 1/4 kop gezette koffie
- 2 eetlepels appelazijn
- 2 eetlepels bruine suiker
- 1 eetlepel Worcestershiresaus
- 1 eetlepel Dijon-mosterd
- 1 theelepel gerookte paprikapoeder
- 1/2 theelepel knoflookpoeder
- Zout en peper naar smaak

INSTRUCTIES:
a) Meng alle ingrediënten in een pan op middelhoog vuur.
b) Roer goed om te combineren en breng aan de kook.
c) Zet het vuur laag en laat de saus 10-15 minuten koken, af en toe roeren, tot hij iets dikker wordt.
d) Breng op smaak met zout en peper.
e) Haal van het vuur en laat afkoelen voordat je het gebruikt. Bewaar eventuele restjes in een luchtdichte verpakking in de koelkast.

20.Ananas Jalapeno BBQ Tomatensaus

INGREDIËNTEN:
- 1 kopje ketchup
- 1/4 kop ananassap
- 1 jalapenopeper, zonder zaadjes en fijngehakt
- 2 eetlepels appelazijn
- 2 eetlepels bruine suiker
- 1 eetlepel Worcestershiresaus
- 1 eetlepel Dijon-mosterd
- 1 theelepel gerookte paprikapoeder
- 1/2 theelepel knoflookpoeder
- Zout en peper naar smaak

INSTRUCTIES:
a) Meng alle ingrediënten in een pan op middelhoog vuur.
b) Roer goed om te combineren en breng aan de kook.
c) Zet het vuur laag en laat de saus 10-15 minuten koken, af en toe roeren, tot hij iets dikker wordt.
d) Breng op smaak met zout en peper.
e) Haal van het vuur en laat afkoelen voordat je het gebruikt. Bewaar eventuele restjes in een luchtdichte verpakking in de koelkast.

21.Koreaanse BBQ-tomatensaus

INGREDIËNTEN:
- 1 kopje ketchup
- 1/4 kop sojasaus
- 2 eetlepels rijstazijn
- 2 eetlepels bruine suiker
- 1 eetlepel sesamolie
- 1 eetlepel gehakte gember
- 2 teentjes knoflook, fijngehakt
- 1 theelepel gochujang (Koreaanse chilipasta)
- Zout en peper naar smaak

INSTRUCTIES:
a) Meng alle ingrediënten in een pan op middelhoog vuur.
b) Roer goed om te combineren en breng aan de kook.
c) Zet het vuur laag en laat de saus 10-15 minuten koken, af en toe roeren, tot hij iets dikker wordt.
d) Breng op smaak met zout en peper.
e) Haal van het vuur en laat afkoelen voordat je het gebruikt. Bewaar eventuele restjes in een luchtdichte verpakking in de koelkast.

TOMATENSALSA

22. Gegrilde chili-salsa

INGREDIËNTEN:
- 3 grote tomaten, in blokjes gesneden
- 1 Ui, geschild en in blokjes gesneden
- ⅓ kopje verse koriander, in blokjes gesneden
- 3 eetlepels Vers limoensap
- 2 Poblano-paprika's, gegrild en in blokjes gesneden
- 1 theelepel Gehakte knoflook

INSTRUCTIES:
Door het grillen van de Poblano pepers ontstaat er een lekkere rooksmaak.
Meng alle ingrediënten in een schaal en breng op smaak met peper en zout.
Zet het 1 uur in de koelkast om de smaken te mengen. Serveer met je favoriete Tex-Mex-gerecht.

23. Arbol-avocado-salsa

INGREDIËNTEN:
- ½ pond Italiaanse Roma-tomaten
- ¾ pond Tomatillos, gepeld
- ⅓ kopje (12 tot 15) Arbol chilipepers
- ½ bosje koriander
- 1 gematigde witte ui, in blokjes gesneden
- 2 eetlepels Gemalen komijn
- 4 teentjes knoflook, geplet
- 2 kopjes Water
- 1 theelepel zout
- ½ theelepel Versgemalen zwarte peper
- 1 Avocado

INSTRUCTIES:
a) Verwarm de Blackstone-griller. Plaats de tomaten en tomatillos op een bakplaat. Grill, af en toe draaiend, tot ze helemaal dichtgeschroeid zijn, 10 tot 12 minuten

b) overige ingrediënten in een sauspan .

c) Breng het mengsel aan de kook en kook tot de uien zacht zijn, 12 tot 15 minuten. Doe het in een keukenmachine of mixer. Pureer en zeef

d) Serveer op kamertemperatuur of licht gekoeld. Arbol-salsa kan 3 tot 5 dagen in de koelkast worden bewaard of wekenlang worden ingevroren.

e) Roer vlak voor het serveren de avocado erdoor

24.Heldere kreek picante salsa

INGREDIËNTEN:
- 1 eetlepel olijfolie
- 1 elke kleine ui, fijngehakt
- 5 teentjes knoflook, fijngehakt
- 3 tomaten, gepeld
- 1 elke verse ancho chilipeper
- 1 gele paprika
- 4 ons kan groene chilipepers in blokjes snijden
- 1 theelepel zout
- ¼ theelepel gemalen komijn
- 1 eetlepel knoflookpoeder
- 3 eetlepels Balsamicoazijn
- 3 eetlepels limoensap
- 1 eetlepel gedroogde koriander
- 1 eetl olijfolie
- 1 kleine ui, fijngehakt
- 5 teentjes knoflook, fijngehakt
- 3 tomaten, gepeld, zonder zaadjes, grof in blokjes gesneden
- 1 ea verse ancho chilipeper, zonder zaadjes en fijngehakt
- 1 stuks gele paprika, zonder zaadjes en fijngehakt
- 4 oz kan groene chilipepers in blokjes snijden
- 1 theelepel zout
- ¼t gemalen komijn
- 1 eetl knoflookpoeder
- 3 eetl balsamicoazijn
- 3 eetl limoensap
- 1 eetl gedroogde koriander

INSTRUCTIES:
a) Fruit de ui en knoflook in olijfolie op matig vuur tot ze zacht zijn
b) Voeg de resterende ingrediënten toe , behalve koriander, roer en controleer op zout. Voeg indien gewenst meer toe. Zet het vuur laag, dek af met deksel en laat 30 minuten sudderen.
c) Haal het deksel eruit en laat het nog eens 30 minuten of langer sudderen tot het ingedikt is.
d) Haal van het vuur, voeg koriander toe en roer. Laat de salsa een nacht afkoelen voordat je hem gebruikt. Serveer als dip voor friet of als pittige topping op je favoriete Mexicaanse of Tex-Mex-gerecht.

25. Italiaanse salsa

INGREDIËNTEN:
- Amandelen
- 1 grote rode paprika
- 12 grote basilicumblaadjes
- 1 groot teentje knoflook
- 1 Jalapeno-chili, gehalveerd en zonder zaadjes
- 4 In olie verpakte zongedroogde tomaten
- ¼ grote rode ui
- ¼ kopje olijfolie
- 1 eetlepel balsamicoazijn*OF
- 2 eetlepels Rode wijnazijn en snufje suiker
- 1 eetlepel Rode wijnazijn
- ½ theelepel Zout
- 2 grote tomaten
- 10 Kalamata-olijven
- Verse basilicumblaadjes

INSTRUCTIES:

a) Verhit de Blackstone griller. Snijd de paprika in de lengte in 4 stukken en gooi de kern en zaden weg.

b) Schik het in een enkele laag op een met folie beklede bakplaat, met de velzijde naar boven.

c) Grill 15 cm vanaf de warmtebron tot de huid zwartgeblakerd is.

d) Haal het van de grill en wikkel het stevig in folie.

e) Laat minstens 10 minuten rusten. Haal het vel eruit en snijd de paprika in dobbelsteentjes van een halve centimeter.

f) Stalen mes: Plaats 12 basilicumblaadjes in een droge werkschaal. Terwijl de machine draait, laat u de knoflook en chili door de vulopening vallen en verwerkt u deze tot ze fijngehakt zijn.

g) Voeg de zongedroogde tomaten en ui toe en hak ze grof met verschillende aan/uit-bewegingen. Voeg olijfolie, zowel azijn als zout toe en verwerk tot alles gemengd is, ongeveer 5 seconden.

h) Verplaats de inhoud van de werkschaal naar een grote mengschaal. Voeg paprika, tomaten en olijven toe en roer voorzichtig.

26.Tomaat Jalapenosalsa

INGREDIËNTEN:
- 3 Tomaat
- 1 Groene Paprika
- 3 eetlepels Jalapeno-peper
- ¼ kopje ui
- ¼ Citroen

INSTRUCTIES:

a) Meng in blokjes gesneden ingrediënten in een schaal. Voeg het citroensap en het vruchtvlees toe en meng goed.
b) Koel vóór het portie.
c) Serveer met knapperige tortillachips, op stukjes bleekselderij of andere rauwe groenten, als saus in taco's of wanneer een pittige salsa gewenst is.

27. Ananas Mango Salsa

INGREDIËNTEN:
- 1 kopje in blokjes gesneden tomaten
- 1/2 kop in blokjes gesneden ananas
- 1/2 kopje in blokjes gesneden mango
- 1/4 kop fijngehakte rode ui
- 1/4 kop gehakte verse koriander
- Sap van 1 limoen
- Zout en peper naar smaak

INSTRUCTIES:
a) Meng in een kom de in blokjes gesneden tomaten, ananas, mango, rode ui en koriander.
b) Knijp het limoensap over de salsa en meng door elkaar.
c) Breng op smaak met zout en peper.
d) Laat de salsa ongeveer 10-15 minuten staan, zodat de smaken zich kunnen vermengen.
e) Serveer met tortillachips of als topping voor gegrilde kip of vis.

28.Salsa van maïs en zwarte bonen

INGREDIËNTEN:
- 1 kopje in blokjes gesneden tomaten
- 1 kopje zwarte bonen uit blik, gespoeld en uitgelekt
- 1 kopje gekookte maïskorrels (vers of bevroren)
- 1/4 kopje in blokjes gesneden rode ui
- 1/4 kop gehakte verse koriander
- Sap van 1 limoen
- 1/2 theelepel gemalen komijn
- Zout en peper naar smaak

INSTRUCTIES:
a) Meng in een kom de in blokjes gesneden tomaten, zwarte bonen, maïs, rode ui en koriander.
b) Knijp het limoensap over de salsa en bestrooi met gemalen komijn.
c) Breng op smaak met zout en peper.
d) Roer goed om te combineren.
e) Laat de salsa ongeveer 10-15 minuten staan voordat je hem serveert, zodat de smaken zich kunnen vermengen.
f) Geniet ervan met tortillachips of als topping voor taco's of quesadilla's.

29.Pico de Gallo-salsa

INGREDIËNTEN:
- 2 kopjes in blokjes gesneden tomaten
- 1/2 kopje in blokjes gesneden rode ui
- 1/4 kop gehakte verse koriander
- 2 eetlepels in blokjes gesneden jalapeno (zaadjes verwijderd voor minder hitte)
- Sap van 1 limoen
- Zout naar smaak

INSTRUCTIES:
a) Meng in een kom de in blokjes gesneden tomaten, rode ui, koriander en jalapeno.
b) Knijp het limoensap over de salsa.
c) Breng op smaak met zout en roer goed door elkaar.
d) Laat de salsa ongeveer 10-15 minuten staan voordat je hem serveert, zodat de smaken zich kunnen vermengen.
e) Serveer als topping voor taco's, gegrild vlees of naast friet.

30. Watermeloen-Tomatensalsa

INGREDIËNTEN:
- 1 kopje in blokjes gesneden tomaten
- 1 kopje in blokjes gesneden pitloze watermeloen
- 1/4 kopje in blokjes gesneden rode ui
- 1/4 kop gehakte verse muntblaadjes
- Sap van 1 limoen
- Zout en peper naar smaak

INSTRUCTIES:
a) Meng in een kom de in blokjes gesneden tomaten, watermeloen, rode ui en muntblaadjes.
b) Knijp het limoensap over de salsa.
c) Breng op smaak met zout en peper.
d) Schud voorzichtig om alle ingrediënten te combineren.
e) Laat de salsa ongeveer 10-15 minuten staan voordat je hem serveert, zodat de smaken zich kunnen vermengen.
f) Serveer gekoeld als verfrissend bijgerecht of als topping voor gegrilde vis of garnalen.

31. Tomaat Avocado Maïs Salsa

INGREDIËNTEN:
- 1 kopje in blokjes gesneden tomaten
- 1 kopje gekookte maïskorrels (vers of bevroren)
- 1 rijpe avocado, in blokjes gesneden
- 1/4 kop fijngehakte rode ui
- 1/4 kop gehakte verse koriander
- Sap van 1 limoen
- Zout en peper naar smaak

INSTRUCTIES:
a) Meng in een kom de in blokjes gesneden tomaten, maïskorrels, in blokjes gesneden avocado, rode ui en koriander.
b) Knijp het limoensap over de salsa.
c) Breng op smaak met zout en peper.
d) Schud voorzichtig om alle ingrediënten te combineren.
e) Laat de salsa ongeveer 10-15 minuten staan voordat je hem serveert, zodat de smaken zich kunnen vermengen.
f) Serveer met tortillachips of als topping voor taco's of gegrilde kip.

32.Mango-Habanero-salsa

INGREDIËNTEN:
- 1 kopje in blokjes gesneden tomaten
- 1 kopje in blokjes gesneden mango
- 1 habanero-peper, zonder zaadjes en fijngehakt
- 1/4 kopje in blokjes gesneden rode ui
- 1/4 kop gehakte verse koriander
- Sap van 1 limoen
- Zout naar smaak

INSTRUCTIES:
a) Meng in een kom de in blokjes gesneden tomaten, de in blokjes gesneden mango, de fijngehakte habanero-peper, de rode ui en de koriander.
b) Knijp het limoensap over de salsa.
c) Breng op smaak met zout.
d) Roer goed om alle ingrediënten te combineren.
e) Laat de salsa ongeveer 10-15 minuten staan voordat je hem serveert, zodat de smaken zich kunnen vermengen.
f) Serveer met gegrilde vis, garnalen of als topping voor taco's.

33. Tomatillo Salsa Verde

INGREDIËNTEN:
- 450 g tomatillos, schil verwijderd en gespoeld
- 1 jalapenopeper, gehalveerd en zonder zaadjes
- 1/2 kopje gehakte ui
- 2 teentjes knoflook
- 1/4 kop gehakte verse koriander
- Sap van 1 limoen
- Zout naar smaak

INSTRUCTIES:
a) Verwarm de grill voor in uw oven.
b) Leg de tomatillos en de jalapenopeperhelften op een bakplaat.
c) Rooster gedurende 5-7 minuten en draai halverwege, tot ze verkoold en zacht zijn.
d) Doe de geroosterde tomatillos en jalapenopeper in een blender of keukenmachine.
e) Voeg de gehakte ui, knoflook, koriander en limoensap toe aan de blender.
f) Mixen tot een gladde substantie.
g) Breng op smaak met zout en pas indien nodig de consistentie aan door een beetje water toe te voegen.
h) Serveer de tomatillo salsa verde met friet, taco's of gegrild vlees.

34. Geroosterde Rode Paprika Salsa

INGREDIËNTEN:
- 1 kopje in blokjes gesneden tomaten
- 1 kopje in blokjes gesneden geroosterde rode paprika's
- 1/4 kop fijngehakte rode ui
- 2 eetlepels gehakte verse peterselie
- Sap van 1 citroen
- Zout en peper naar smaak

INSTRUCTIES:
a) Meng in een kom de in blokjes gesneden tomaten, de in blokjes gesneden geroosterde rode paprika, de rode ui en de peterselie.
b) Knijp het citroensap over de salsa.
c) Breng op smaak met zout en peper.
d) Roer goed om alle ingrediënten te combineren.
e) Laat de salsa ongeveer 10-15 minuten staan voordat je hem serveert, zodat de smaken zich kunnen vermengen.
f) Serveer als topping voor gegrilde kip, vis of als dip bij tortillachips.

TOMATENCHUTNEYS

35. Fruitbarbecue chutney

INGREDIËNTEN:
- 16 kleine sjalotten
- 1¼ kopje Droge witte wijn
- 4 matige Abrikozen
- 2 grote perziken
- 2 Hele pruimtomaatjes
- 12 Hele pruimen
- 2 matige s Teentjes knoflook
- 2 eetlepels natriumarme sojasaus
- ½ kopje donkerbruine suiker
- ¼ theelepel Rode pepervlokken

INSTRUCTIES:
a) Meng de sjalotjes en de wijn in een kleine pan en breng op hoog vuur aan de kook.
b) Zet het vuur middelmatig laag en laat sudderen, afdekken met deksel , tot de sjalotten zacht zijn, 15 tot 20 minuten
c) Meng de resterende ingrediënten in een grote pan, voeg de sjalotjes en de wijn toe en breng op hoog vuur aan de kook. Zet het vuur laag en kook tot het fruit is afgebroken maar nog steeds enigszins brokkelig is, 10 tot 15 minuten. Laat afkoelen.
d) Beweging een deel van de saus in een keukenmachine doen en pureren. Gebruik dit als pekel.

36.Aubergine En Tomatenchutney

INGREDIËNTEN:
- 1,5 kg rijpe ei- of trosgerijpte tomaten
- 1 ½ theelepel venkelzaad
- 1 ½ theelepel komijnzaad
- 1 ½ theelepel bruin mosterdzaad
- ¼ kopje extra vergine olijfolie
- 2 rode uien, fijngehakt
- 2 teentjes knoflook, fijngehakt
- 2 rode chilipepers, zonder zaadjes en fijngehakt
- 2 theelepels tijmblaadjes
- 450 g aubergine, in stukjes van 1 cm gesneden
- 3 Granny Smith-appels, geschild, klokhuis verwijderd en in stukjes van 1 cm gesneden
- 1 kopje rode wijnazijn
- 1 kopje stevig verpakte bruine suiker

INSTRUCTIES:
a) Maak een kleine kruisvormige insnijding aan de onderkant van elke tomaat en blancheer ze vervolgens in drie afzonderlijke porties in een pan met kokend water gedurende ongeveer 30 seconden of totdat de schil begint los te laten. Koel ze vervolgens snel af in een gootsteen gevuld met koud water en pel de tomaten.

b) Snijd de gepelde tomaten horizontaal doormidden en schep de zaadjes en het sap eruit in een kom; leg deze opzij. Snijd het vruchtvlees van de tomaten grof en zet dit eveneens opzij.

c) Roer in een grote pan met dikke bodem de venkelzaadjes, komijnzaadjes en bruine mosterdzaadjes op middelhoog vuur gedurende ongeveer 1 minuut, of tot ze geurig worden. Doe deze kruiden vervolgens in een kom.

d) Zet de pan terug op middelhoog vuur en voeg de olijfolie toe. Voeg nu de fijngehakte uien, knoflook, chilipepers, tijm en 3 theelepels zout toe. Roer af en toe en kook ongeveer 5 minuten.

e) Voeg de aubergine toe aan het mengsel en blijf koken, af en toe roerend, gedurende ongeveer 8 minuten, of tot de groenten gaar zijn. Voeg het gehakte tomatenvlees, de eerder geroosterde kruiden, appels, rode wijnazijn en bruine suiker toe.

f) Zeef de gereserveerde tomatensappen in de pan en gooi de zaden weg. Breng het mengsel aan de kook en laat het ongeveer 45 minuten koken, of totdat het grootste deel van de vloeistof is verdampt.
g) Schep de hete chutney in gesteriliseerde potten terwijl deze nog warm is, en sluit de potten onmiddellijk af.

37. Tomatenchutney Met Chili

INGREDIËNTEN:
- 1 theelepel komijnzaad
- 1 theelepel zwarte mosterdzaadjes
- 1 theelepel korianderzaad
- 1 theelepel venkelzaad
- 4 gedroogde chilipepers
- ½ theelepel rode pepervlokken
- 2 kopjes witte azijn
- ½ kopje suiker
- 8 kopjes geschilde, gehakte en uitgelekte Roma- of andere pasta-tomaten
- 12 teentjes knoflook, gehakt
- 1 theelepel beitszout

INSTRUCTIES:
a) Meng in een hete, droge koekenpan het komijnzaad, mosterdzaad, korianderzaad, venkelzaad en chilipepers. Rooster de kruiden, onder voortdurend roeren, tot ze geurig zijn. Breng de kruiden over naar een kleine kom. Voeg de rode pepervlokken toe. Opzij zetten.
b) Meng de witte azijn en suiker in een grote pan op middelhoog vuur. Breng aan de kook, roer om de suiker op te lossen.
c) Voeg de tomaten, gereserveerde kruiden en knoflook toe. Aan de kook brengen. Zet het vuur laag. Laat ongeveer 1½ uur sudderen, of tot het ingedikt is. In het begin af en toe roeren en vaker naarmate het dikker wordt. Eenmaal ingedikt, roer het beitszout erdoor en haal het van het vuur.
d) Bereid een warmwaterbad voor. Zet de potten erin om ze warm te houden. Was de deksels en ringen in heet zeepwater en zet opzij.
e) Schep de chutney in de voorbereide potten en laat ½ inch vrije ruimte vrij. Gebruik een niet-metalen keukengerei om eventuele luchtbellen te verwijderen. Veeg de velgen schoon en sluit ze af met de deksels en ringen.
f) Verwerk de potten gedurende 15 minuten in een heetwaterbad. Zet het vuur uit en laat de potten 10 minuten in het waterbad rusten.

g) Haal de potten voorzichtig uit de heetwaterkan. Zet 12 uur opzij om af te koelen.
h) Controleer de deksels op goede afdichtingen. Verwijder de ringen, veeg de potten schoon, label en dateer ze en breng ze over naar een kast of voorraadkast.
i) Voor de beste smaak laat je de chutney 3 tot 4 weken drogen voordat je hem serveert. Bewaar potten die niet goed afsluiten in de koelkast en gebruik ze binnen zes weken. Goed afgesloten potten blijven 12 jaar in de kast staan .

38.Maïs En Tomatenchutney

INGREDIËNTEN:
- 1 kopje verse maïskorrels
- 2 tomaten, gehakt
- 1 ui, gehakt
- 2 teentjes knoflook, fijngehakt
- 1-inch stuk gember, geraspt
- 2 groene pepers
- 1 eetlepel plantaardige olie
- 1 theelepel mosterdzaad
- 1/2 theelepel kurkumapoeder
- Zout naar smaak
- Verse korianderblaadjes ter garnering

INSTRUCTIES:
a) Verhit olie in een pan op middelhoog vuur. Mosterdzaadjes toevoegen en laten sputteren.
b) Voeg gehakte uien, gehakte knoflook, geraspte gember en groene pepers toe. Fruit tot de uien zacht en doorschijnend zijn.
c) Voeg verse maïskorrels en gehakte tomaten toe. Kook tot de tomaten zacht zijn en de maïs zacht is.
d) Roer het kurkumapoeder en het zout erdoor. Meng goed en kook nog een minuut.
e) Haal van het vuur en laat de chutney iets afkoelen. Garneer voor het serveren met verse korianderblaadjes.

39.Pittige groene tomatenchutney

INGREDIËNTEN:
- 2 kopjes groene tomaten, in blokjes gesneden
- 1 ui, fijngehakt
- 2 groene pepers, gehakt
- 2 teentjes knoflook, fijngehakt
- 1-inch stuk gember, geraspt
- 1/4 kopje appelciderazijn
- 2 eetlepels bruine suiker
- 1/2 theelepel mosterdzaad
- 1/2 theelepel komijnzaad
- 1/4 theelepel kurkumapoeder
- Zout naar smaak

INSTRUCTIES:
a) Verhit olie in een pan op middelhoog vuur. Voeg mosterdzaad en komijnzaad toe. Laat ze sputteren.
b) Voeg gehakte uien, groene pepers, gehakte knoflook en geraspte gember toe. Bak tot de uien doorschijnend worden.
c) Voeg de in blokjes gesneden groene tomaten toe en kook tot ze zacht worden.
d) Roer de appelazijn, bruine suiker, kurkumapoeder en zout erdoor. Kook tot het mengsel iets dikker wordt.
e) Laat de chutney volledig afkoelen voordat u deze in gesteriliseerde potten doet. Bewaar in de koelkast.

40.Paprika (Paprika) En Tomatenchutney

INGREDIËNTEN:
- 2 middelgrote tomaten, in blokjes gesneden
- 2 middelgrote paprika's (paprika's), in blokjes gesneden
- 1 ui, fijngehakt
- 2 groene pepers, gehakt
- 1 eetlepel gember-knoflookpasta
- 1 theelepel mosterdzaad
- 1 theelepel komijnzaad
- 1/2 theelepel kurkumapoeder
- 1 theelepel rode chilipoeder
- 1 eetlepel azijn
- Zout naar smaak
- 2 eetlepels olie

INSTRUCTIES:
a) Verhit olie in een pan. Voeg mosterdzaad en komijnzaad toe. Laat ze sputteren.
b) Voeg gehakte uien en groene pepers toe. Bak tot de uien goudbruin worden.
c) Voeg de gember-knoflookpasta toe en bak een minuutje.
d) Voeg in blokjes gesneden tomaten en paprika toe. Kook tot ze zacht worden.
e) Roer het kurkumapoeder, rode chilipoeder, azijn en zout erdoor. Laat nog een paar minuten koken tot de chutney dikker wordt.
f) Laat de chutney volledig afkoelen voordat u hem in gesteriliseerde potten bewaart. In de koelkast bewaren en binnen enkele weken gebruiken.

41.Fenegriekspruiten En Tomatenchutney

INGREDIËNTEN:
- 2 kopjes fenegriekspruiten
- 4 tomaten, gehakt
- 1 ui, gehakt
- 2 groene pepers, gehakt
- Teentjes knoflook, fijngehakt
- Mosterdzaden
- Komijnzaad
- Curry bladeren
- Zout naar smaak
- Olie om te koken

INSTRUCTIES:
a) Verhit de olie in een pan en voeg mosterdzaad, komijnzaad en curryblaadjes toe. Laat ze spetteren.
b) Voeg gehakte uien, groene pepers en gehakte knoflook toe. Fruit tot de uien glazig zijn.
c) Voeg de gehakte tomaten toe en kook tot ze zacht worden.
d) Roer de fenegriekspruiten erdoor en kook een paar minuten.
e) Breng op smaak met zout en blijf koken tot het mengsel dikker wordt.
f) Serveer de fenegriekkiemen en tomatenchutney met rijst of als bijgerecht.

42. Basilicum En Zongedroogde Tomatenchutney

INGREDIËNTEN:
- 2 kopjes verse basilicumblaadjes
- 1/2 kop zongedroogde tomaten (verpakt in olie), uitgelekt
- 1/4 kop pijnboompitten, geroosterd
- 2 teentjes knoflook
- 1/4 kop geraspte Parmezaanse kaas
- 1/4 kop extra vergine olijfolie
- Zout en peper naar smaak

INSTRUCTIES:
a) Meng in een keukenmachine verse basilicumblaadjes, zongedroogde tomaten, geroosterde pijnboompitten, teentjes knoflook en geraspte Parmezaanse kaas.
b) Pulseer tot het mengsel een dikke pasta vormt.
c) Terwijl de keukenmachine draait, druppelt u langzaam de olijfolie erdoor tot het mengsel goed gemengd is.
d) Breng op smaak met zout en peper.
e) Doe de basilicum en de zongedroogde tomatenchutney in een pot en zet deze in de koelkast tot gebruik. Heerlijk bij pasta, uitgesmeerd op bruschetta of geserveerd met gegrilde kip of vis.

43. Zoetzure papajachutney

INGREDIËNTEN:
- 1 papaja (vers, rijp of uit een pot)
- 1 kleine rode ui; zeer dun gesegmenteerd
- 1 matige tomaat - (tot 2); zonder zaadjes, in kleine blokjes gesneden
- ½ kopje gesegmenteerde lente-uitjes
- 1 kleine ananas, in stukjes gesneden
- 1 eetlepel honing
- Zout; naar smaak
- Versgemalen zwarte peper; naar smaak
- ½ Verse jalapeno; fijn gesneden

INSTRUCTIES:
a) Meng alles goed.

TOMATENPESTO

44. Basilicum zongedroogde tomatenpesto

INGREDIËNTEN:
- 1 1/2 kopjes verse basilicumblaadjes
- 1/2 kopje zongedroogde tomaten in olie, uitgelekt
- 1/3 kopje amandelen, geroosterd
- 2 teentjes knoflook
- 1/2 kopje olijfolie
- 1/2 kopje geraspte Parmezaanse kaas
- Zout naar smaak

INSTRUCTIES:
a) Meng basilicum, zongedroogde tomaten, amandelen en knoflook in een keukenmachine tot ze grof gehakt zijn.
b) Giet geleidelijk olijfolie erbij tot het mengsel glad is.
c) Doe het mengsel in een kom en meng de Parmezaanse kaas erdoor. Zout naar smaak.
d) Bewaar in de koelkast of serveer onmiddellijk.

45. Zongedroogde pestosaus

INGREDIËNTEN:
- 1 kopje verpakte zongedroogde tomaat
- 1/4 kopje limoensap
- 1 kopje amandelen
- zout
- 1 chilipeper, gehakt
- 1 kop gehakte tomaat

INSTRUCTIES:
a) Voordat u iets doet, verwarm de oven voor op 350 F.
b) Neem een mengkom: doe hierin de zongedroogde tomaat. Bedek het met kokend water en laat het 16 minuten staan om zacht te worden.
c) Verdeel de amandelen in een gelijkmatige laag op een bakplaat. Zet ze in de oven en laat ze 9 minuten koken.
d) Zet het vuur uit en laat de amandelen even afkoelen.
e) Hak de amandelen grof en leg ze opzij.
f) Laat de zongedroogde tomaten uitlekken.
g) Pak een blender: Doe hierin de zongedroogde tomaten, amandelen en de overige ingrediënten. Meng ze glad.
h) Giet de dressing in een pot en sluit deze af. Zet het in de koelkast tot het klaar is om te serveren.
i) Je kunt ze dressing serveren bij een broodje, gegrild vlees of een salade.

46. Kaasachtige artisjokpesto

INGREDIËNTEN:
- 2 kopjes verse basilicumblaadjes
- 2 Eetlepels verkruimelde fetakaas
- 1/4 kop vers geraspte Parmezaanse kaas 1/4 kop pijnboompitten, geroosterd
- 1 artisjokkenhart, grof gehakt
- 2 eetlepels gehakte, in olie verpakte zongedroogde tomaten
- 1/2 kop extra vergine olijfolie
- 1 snufje zout en zwarte peper naar smaak

INSTRUCTIES:

a) Voeg in een grote keukenmachine alle ingrediënten toe, behalve de olie en de kruiden, en pulseer tot alles gecombineerd is.

b) Terwijl de motor langzaam draait, voeg je de olie toe en pulseer tot een gladde massa.

c) Breng op smaak met zout en zwarte peper en serveer.

47.Pesto van Franse Geitenkaas

INGREDIËNTEN:
- 1 pakje geitenkaas, verzacht
- 1 (8 oz.) pot pesto, of indien nodig
- 3 tomaten, gehakt

INSTRUCTIES:
a) Snijd de kaas in een grote serveerschaal in een laag van 1/4 inch.
b) Verdeel de pesto gelijkmatig over de kaas in een dunne laag, gevolgd door de tomaten.
c) Geniet van deze dip met het gesneden stokbrood.

48. Pesto van feta en zongedroogde tomaten

INGREDIËNTEN:
- 2 kopjes verse basilicumblaadjes
- 1/2 kop zongedroogde tomaten (verpakt in olie), uitgelekt
- 1/2 kopje verkruimelde fetakaas
- 1/3 kopje geroosterde pijnboompitten
- 2 teentjes knoflook
- 1/3 kopje extra vergine olijfolie
- Zout en peper naar smaak

INSTRUCTIES:
a) Meng basilicum, zongedroogde tomaten, fetakaas, pijnboompitten en knoflook in een keukenmachine. Pulseer tot het fijngehakt is.
b) Voeg tijdens het verwerken geleidelijk olijfolie toe tot de pesto glad is.
c) Breng op smaak met zout en peper.
d) Deze smaakvolle pesto is heerlijk bij pasta, op sandwiches of als dip voor op brood.

49. Pesto van geroosterde rode paprika en tomaat

INGREDIËNTEN:
- 1 kop geroosterde rode paprika's (uit een pot), uitgelekt
- 1 kop zongedroogde tomaten (verpakt in olie), uitgelekt
- 2 teentjes knoflook, fijngehakt
- 1/4 kop geraspte Parmezaanse kaas
- 1/4 kop pijnboompitten, geroosterd
- 1/4 kop extra vergine olijfolie
- Zout en peper naar smaak

INSTRUCTIES:
a) Meng in een keukenmachine de geroosterde rode paprika, zongedroogde tomaten, gehakte knoflook, Parmezaanse kaas en pijnboompitten.
b) Pulseer tot de ingrediënten fijngehakt zijn.
c) Terwijl de keukenmachine draait, voeg je geleidelijk de olijfolie toe totdat de pesto de gewenste consistentie heeft bereikt.
d) Breng op smaak met zout en peper.
e) Serveer de geroosterde rode paprika- en tomatenpesto met pasta, verspreid op sandwiches of als dip voor op brood.

50.Pikante pesto van tomaat en basilicum

INGREDIËNTEN:
- 1 kop kerstomaatjes, gehalveerd
- 1/4 kopje zongedroogde tomaten (verpakt in olie), uitgelekt
- 2 teentjes knoflook, fijngehakt
- 1/4 kop geraspte Parmezaanse kaas
- 1/4 kop pijnboompitten, geroosterd
- 1/4 kopje verse basilicumblaadjes
- 1/4 theelepel rode pepervlokken (naar smaak aanpassen)
- 1/4 kop extra vergine olijfolie
- Zout naar smaak

INSTRUCTIES:
a) Verhit een beetje olijfolie in een koekenpan op middelhoog vuur. Voeg de kerstomaatjes toe en kook tot ze zacht en licht gekarameliseerd zijn, ongeveer 5-7 minuten.
b) Meng in een keukenmachine de gekookte kerstomaatjes, zongedroogde tomaten, gehakte knoflook, Parmezaanse kaas, pijnboompitten, basilicumblaadjes en rode pepervlokken.
c) Pulseer tot de ingrediënten fijngehakt zijn.
d) Terwijl de keukenmachine draait, voeg je geleidelijk de olijfolie toe totdat de pesto de gewenste consistentie heeft bereikt.
e) Breng op smaak met zout.
f) Serveer de pittige tomaten- en basilicumpesto met pasta, verspreid over bruschetta of als topping voor gegrilde kip of vis.

51.Tomaat Walnoot Pesto

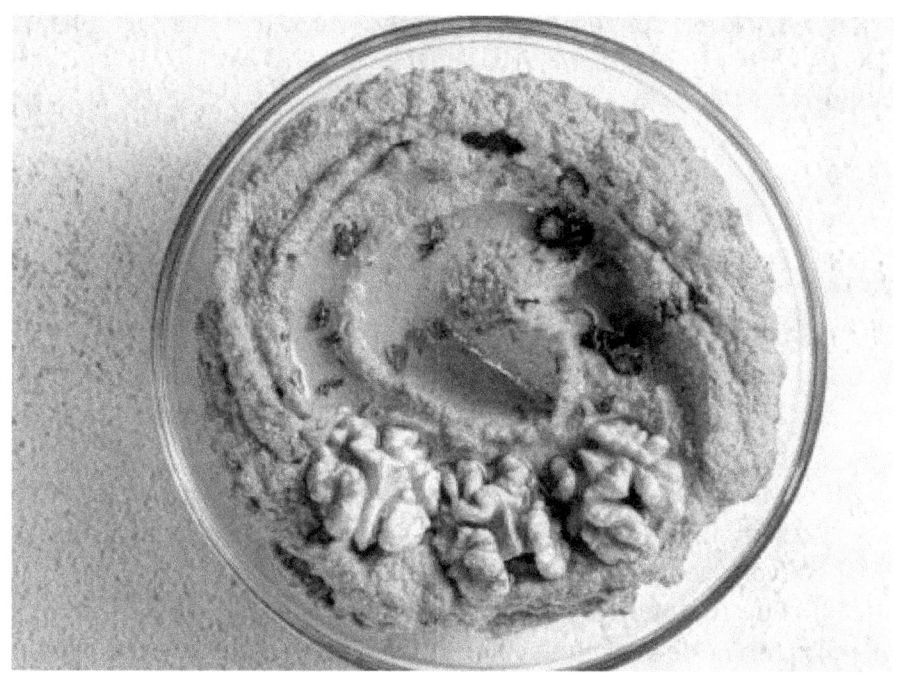

INGREDIËNTEN:
- 1 kop kerstomaatjes
- 1/4 kopje zongedroogde tomaten (verpakt in olie), uitgelekt
- 2 teentjes knoflook, fijngehakt
- 1/4 kop geraspte Parmezaanse kaas
- 1/4 kopje walnoten, geroosterd
- 1/4 kopje verse basilicumblaadjes
- 1/4 kop extra vergine olijfolie
- Zout en peper naar smaak

INSTRUCTIES:

a) Verwarm de oven voor op 200 °C. Leg de kerstomaatjes op een bakplaat en rooster ze 15-20 minuten, of tot ze beginnen te barsten en karamelliseren.

b) Meng in een keukenmachine de geroosterde kerstomaatjes, zongedroogde tomaten, gehakte knoflook, Parmezaanse kaas, walnoten en basilicumblaadjes.

c) Pulseer tot de ingrediënten fijngehakt zijn.

d) Terwijl de keukenmachine draait, voeg je geleidelijk de olijfolie toe totdat de pesto de gewenste consistentie heeft bereikt.

e) Breng op smaak met zout en peper.

f) Serveer de tomaten-walnootpesto met pasta, verspreid over crostini of als topping voor gegrilde groenten.

52. Tomatenpesto Rosso

INGREDIËNTEN:
- 1 kop zongedroogde tomaten (verpakt in olie), uitgelekt
- 2 teentjes knoflook, fijngehakt
- 1/4 kop geraspte Parmezaanse kaas
- 1/4 kop pijnboompitten, geroosterd
- 1/4 kopje verse basilicumblaadjes
- 1/4 kop extra vergine olijfolie
- Zout en peper naar smaak

INSTRUCTIES:
a) Meng in een keukenmachine de zongedroogde tomaten, gehakte knoflook, Parmezaanse kaas, pijnboompitten en basilicumblaadjes.
b) Pulseer tot de ingrediënten fijngehakt zijn.
c) Terwijl de keukenmachine draait, voeg je geleidelijk de olijfolie toe totdat de pesto de gewenste consistentie heeft bereikt.
d) Breng op smaak met zout en peper.
e) Serveer de tomatenpesto rosso met pasta, verspreid op sandwiches of als dip voor broodstengels.

53. Pesto van Tomaat en Amandel

INGREDIËNTEN:
- 1 kop zongedroogde tomaten (verpakt in olie), uitgelekt
- 1/4 kopje amandelen, geroosterd
- 2 teentjes knoflook, fijngehakt
- 1/4 kop geraspte Parmezaanse kaas
- 1/4 kopje verse basilicumblaadjes
- 1/4 kop extra vergine olijfolie
- Zout en peper naar smaak

INSTRUCTIES:
a) Meng in een keukenmachine de zongedroogde tomaten, geroosterde amandelen, gehakte knoflook, Parmezaanse kaas en basilicumblaadjes.
b) Pulseer tot de ingrediënten fijngehakt zijn.
c) Terwijl de keukenmachine draait, voeg je geleidelijk de olijfolie toe totdat de pesto de gewenste consistentie heeft bereikt.
d) Breng op smaak met zout en peper.
e) Serveer de tomaten- en amandelpesto met pasta, verspreid op sandwiches of als dip voor rauwkostgroenten.

54. Tomaat- en cashewpesto

INGREDIËNTEN:
- 1 kop zongedroogde tomaten (verpakt in olie), uitgelekt
- 1/4 kopje cashewnoten, geroosterd
- 2 teentjes knoflook, fijngehakt
- 1/4 kop geraspte Parmezaanse kaas
- 1/4 kopje verse basilicumblaadjes
- 1/4 kop extra vergine olijfolie
- Zout en peper naar smaak

INSTRUCTIES:
a) Meng in een keukenmachine de zongedroogde tomaten, geroosterde cashewnoten, gehakte knoflook, Parmezaanse kaas en basilicumblaadjes.
b) Pulseer tot de ingrediënten fijngehakt zijn.
c) Terwijl de keukenmachine draait, voeg je geleidelijk de olijfolie toe totdat de pesto de gewenste consistentie heeft bereikt.
d) Breng op smaak met zout en peper.
e) Serveer de tomaten- en cashewpesto met pasta, verspreid over crostini of als topping voor gegrilde kip of vis.

55. Tomaat- en pistachepesto

INGREDIËNTEN:
- 1 kop zongedroogde tomaten (verpakt in olie), uitgelekt
- 1/4 kopje gepelde pistachenoten, geroosterd
- 2 teentjes knoflook, fijngehakt
- 1/4 kop geraspte Parmezaanse kaas
- 1/4 kopje verse basilicumblaadjes
- 1/4 kop extra vergine olijfolie
- Zout en peper naar smaak

INSTRUCTIES:
a) Meng in een keukenmachine de zongedroogde tomaten, geroosterde pistachenoten, gehakte knoflook, Parmezaanse kaas en basilicumblaadjes.
b) Pulseer tot de ingrediënten fijngehakt zijn.
c) Terwijl de keukenmachine draait, voeg je geleidelijk de olijfolie toe totdat de pesto de gewenste consistentie heeft bereikt.
d) Breng op smaak met zout en peper.
e) Serveer de tomaten-pistachepesto met pasta, verspreid over bruschetta of als dip voor broodstengels.

56. Pesto van tomaat en pompoenpitten

INGREDIËNTEN:
- 1 kop zongedroogde tomaten (verpakt in olie), uitgelekt
- 1/4 kopje pompoenpitten (pepitas), geroosterd
- 2 teentjes knoflook, fijngehakt
- 1/4 kop geraspte Parmezaanse kaas
- 1/4 kopje verse basilicumblaadjes
- 1/4 kop extra vergine olijfolie
- Zout en peper naar smaak

INSTRUCTIES:
a) Meng in een keukenmachine de zongedroogde tomaten, geroosterde pompoenpitten, gehakte knoflook, Parmezaanse kaas en basilicumblaadjes.
b) Pulseer tot de ingrediënten fijngehakt zijn.
c) Terwijl de keukenmachine draait, voeg je geleidelijk de olijfolie toe totdat de pesto de gewenste consistentie heeft bereikt.
d) Breng op smaak met zout en peper.
e) Serveer de tomaten- en pompoenpitpesto met pasta, verspreid op sandwiches of als topping voor geroosterde groenten.

TOMATEN PASTA SAUZEN

57. Basis Pastasaus

INGREDIËNTEN:
- 1 eetlepels olie
- ½ rode paprika
- ½ groene paprika
- ½ ui
- ½ theelepel knoflookpoeder
- ½ theelepel oregano
- ½ theelepel peterselievlokken
- 1 eetlepel hete saus
- 1 eetlepel suiker
- 12-ounce blikje tomatensaus
- ½ kopje ketchup
- ½ kopje water

INSTRUCTIES:
a) Verhit de olie in een pan op middelhoog vuur en bak de paprika en ui gedurende 3 minuten.
b) Voeg knoflook, oregano, peterselievlokken en hete saus toe.
c) Voeg de tomatensaus en het water toe en kook 3-4 minuten.
   a) Genieten!

58.Pittig Pasta saus

INGREDIËNTEN:
- 2 theelepels olijfolie
- 1 middelgrote ui, gehakt
- 2 eetlepels knoflook, fijngehakt
- 2 (15 ounce) blikjes tomatensaus (kan een van de blikjes vervangen door geplette of gestoofde tomaten als je van stukjes tomaten houdt)
- 1 (6-ounce) blikje tomatenpuree
- 1 theelepel gedroogde oregano
- 1 theelepel gedroogde rozemarijn
- 1/2 theelepel gemalen rode pepervlokken (kan weggelaten worden als je dat liever hebt)
- 3/4 theelepel zout
- 1/4 theelepel peper
- 1 theelepel suiker

INSTRUCTIES:
a) Verhit essentiële olijfolie in een koekenpan op middelhoog vuur.
b) Doe de ui en bak tot ze zacht zijn. Doe de knoflook erbij en bak nog een minuut.
c) Roer gevonden in tomatenproducten, oregano, rozemarijn, gemalen rode peper, zout en peper. Stijl de saus en voeg indien gewenst glucose toe.
d) Breng het geheel minimaal aan de kook, zet het vuur laag en laat het ongeveer 10 minuten sudderen, tot het echt wat dikker is geworden. Gebruik zoals gewenst.

59. Citrusachtige Pastasaus

INGREDIËNTEN:
- 9 3/5 grote rijpe tomaten, in vieren gesneden, zonder klokhuis en gehakt
- 3 1/5 2-4 eetlepels olijfolie
- 6 2/5 teentjes knoflook, gepeld, fijngehakt
- 4/5 kopje gewassen, gedroogde en gesteelde basilicumblaadjes, gehakt
- 2/5 kop Italiaanse peterselie, gewassen en gehakt
- 16 verse olijven, ontpit en gehakt (groen of zwart)
- 2/5 kop kappertjes
- 3 1/5 eetlepels balsamicoazijn
- 1 3/5 theelepel geraspte sinaasappelschil of 1 theelepel citroenschil
- zout en versgemalen zwarte peper
- Parmezaanse kaas, om over de afgewerkte pasta te strooien

INSTRUCTIES:
a) Doe alle ingrediënten (behalve kaas) in een kom en roer door elkaar.
b) Kook pasta, meng met saus, bestrooi met kaas.

60.Bier Pasta saus

INGREDIËNTEN:
- 1 (29 ounce) blikje tomatenpuree
- 12 ons bier
- 2 eetlepels witte suiker
- 1 1/2 theelepel knoflookpoeder
- 1 1/2 theelepel gedroogde basilicum
- 1 1/2 theelepel gedroogde oregano
- 1 theelepel zout

INSTRUCTIES:
a) Combineer alle ingrediënten in een pan.
b) Breng het op middelhoog vuur aan de kook.
c) Zet het vuur middelhoog en laat dertig minuten sudderen.

61. Calcutta Pastasaus

INGREDIËNTEN:
- 2 eetlepels Boter
- 1½ eetlepel Komijnzaad; verpletterd
- 1 eetlepel Paprika
- 3 Knoflookteentjes; gehakt
- 2 eetlepels Verse gemberwortel; gehakt
- 2 Jalapeños ; gezaaid en gehakt
- 3½ kopje Gehakte verse of ingeblikte tomaten
- 1 theelepel Kardemom; grond
- ½ eetlepel Garam masala
- ½ kopje Gewone yoghurt
- ½ kopje Heavy cream
- ¼ kopje Verse koriander; gehakt

INSTRUCTIES:
a) Fruit komijn, paprika, knoflook, gemberwortel en jalapeños in boter tot ze goudbruin en geurig zijn, ongeveer 5 minuten. Voeg tomaten, kardemom en garam masala toe.
b) Laat zachtjes sudderen tot het ingedikt is, 30 tot 60 minuten .
c) Voeg yoghurt, optionele room en koriander toe.
d) Doorwarmen, maar niet koken. Serveer met couscous of pasta.

62. Pittige Napolitaanse Tomatensaus

INGREDIËNTEN:
- 2 eetlepels olijfolie
- 4 teentjes knoflook, fijngehakt
- 1 ui, fijngehakt
- 1/2 theelepel rode pepervlokken (naar smaak aanpassen)
- 28 ons ingeblikte geplette tomaten
- 1 theelepel gedroogde oregano
- Zout en peper naar smaak

INSTRUCTIES:
a) Verhit olijfolie in een pan op middelhoog vuur. Voeg gehakte knoflook en gesnipperde ui toe, bak tot ze zacht zijn.
b) Roer de rode pepervlokken erdoor en kook nog een minuut.
c) Voeg de geplette tomaten, gedroogde oregano, zout en peper toe.
d) Laat ongeveer 20-25 minuten sudderen tot de saus dikker wordt en de smaken versmelten.
e) Pas indien nodig de kruiden aan en serveer overgekookte pasta voor een pittige kick.

63. Geroosterde Knoflook-Tomaten Napolitaanse Saus

INGREDIËNTEN:
- 2 eetlepels olijfolie
- 6 teentjes knoflook, gepeld
- 28 ons ingeblikte geplette tomaten
- 1 theelepel gedroogde oregano
- 1 theelepel gedroogde basilicum
- Zout en peper naar smaak

INSTRUCTIES:
a) Verwarm de oven voor op 200 °C. Leg de gepelde teentjes knoflook op een bakplaat en besprenkel met olijfolie. Rooster gedurende 15-20 minuten tot ze goudbruin en geurig zijn.
b) Verhit olijfolie in een pan op middelhoog vuur. Voeg de geroosterde teentjes knoflook toe en bak nog een minuut.
c) Roer de geplette tomaten, gedroogde oregano, gedroogde basilicum, zout en peper erdoor.
d) Laat ongeveer 20-25 minuten sudderen tot de saus dikker wordt en de smaken versmelten.
e) Pas indien nodig de kruiden aan en serveer over gekookte pasta voor een rijke en aromatische saus.

64.Balsamico Napolitaanse Tomatensaus

INGREDIËNTEN:
- 2 eetlepels olijfolie
- 4 teentjes knoflook, fijngehakt
- 1 ui, fijngehakt
- 2 eetlepels balsamicoazijn
- 28 ons ingeblikte geplette tomaten
- 1 theelepel gedroogde oregano
- Zout en peper naar smaak

INSTRUCTIES:
a) Verhit olijfolie in een pan op middelhoog vuur. Voeg gehakte knoflook en gesnipperde ui toe, bak tot ze zacht zijn.
b) Roer de balsamicoazijn erdoor en kook nog een minuut.
c) Voeg de geplette tomaten, gedroogde oregano, zout en peper toe.
d) Laat ongeveer 20-25 minuten sudderen tot de saus dikker wordt en de smaken versmelten.
e) Pas indien nodig de kruiden aan en serveer over gekookte pasta voor een pittige en smaakvolle twist.

65.Tomaten Capresesaus

INGREDIËNTEN:
- 2 eetlepels olijfolie
- 4 teentjes knoflook, fijngehakt
- 4 grote tomaten, in blokjes gesneden
- 1/2 kopje verse basilicumblaadjes, gehakt
- 8 ons verse mozzarella, in blokjes gesneden
- Zout en peper naar smaak

INSTRUCTIES:
a) Verhit olijfolie in een pan op middelhoog vuur. Voeg gehakte knoflook toe en bak tot het geurig is.
b) Voeg de in blokjes gesneden tomaten toe en kook tot ze zacht beginnen te worden.
c) Roer de gehakte basilicumblaadjes en de in blokjes gesneden mozzarella erdoor. Kook tot de mozzarella begint te smelten.
d) Breng op smaak met zout en peper.
e) Serveer overgekookte pasta voor een klassieke Caprese-saus.

66.Pastasaus met Champignons en Tomaten

INGREDIËNTEN:
- 2 eetlepels olijfolie
- 225 g champignons, in plakjes gesneden
- 4 teentjes knoflook, fijngehakt
- 1 blikje tomatenblokjes (14 oz).
- 1/2 kopje tomatensaus
- 1 theelepel gedroogde oregano
- Zout en peper naar smaak
- Verse peterselie, gehakt (voor garnering)

INSTRUCTIES:
a) Verhit olijfolie in een koekenpan op middelhoog vuur. Voeg de gesneden champignons toe en kook tot ze goudbruin zijn, ongeveer 5-7 minuten.
b) Voeg de gehakte knoflook toe aan de pan en bak 1-2 minuten tot het geurig is.
c) Giet de in blokjes gesneden tomaten en tomatensaus erbij. Roer de gedroogde oregano erdoor.
d) Laat de saus ongeveer 10 minuten sudderen, af en toe roeren.
e) Breng op smaak met zout en peper.

67.Pastasaus met tomaten en olijven

INGREDIËNTEN:
- 2 eetlepels olijfolie
- 1 ui, fijngehakt
- 4 teentjes knoflook, fijngehakt
- 1 blikje tomatenblokjes (14 oz).
- 1/2 kopje tomatensaus
- 1/2 kop gesneden zwarte olijven
- 1 theelepel gedroogde basilicum
- Zout en peper naar smaak
- Geraspte Parmezaanse kaas (voor garnering)

INSTRUCTIES:
a) Verhit olijfolie in een koekenpan op middelhoog vuur. Voeg de gesnipperde ui toe en bak tot hij glazig is, ongeveer 5 minuten.
b) Voeg gehakte knoflook toe aan de koekenpan en kook nog 1-2 minuten tot het geurig is.
c) Giet de in blokjes gesneden tomaten en tomatensaus erbij. Roer de gesneden zwarte olijven en gedroogde basilicum erdoor.
d) Laat de saus ongeveer 10 minuten sudderen, af en toe roeren.
e) Breng op smaak met zout en peper.
f) Serveer de pastasaus met tomaten en olijven over gekookte pasta. Garneer voor het serveren met geraspte Parmezaanse kaas.

TOMATEN MARINARA SAUS

68.Dikke Marinarasaus

INGREDIËNTEN:
- 1 kopje in blokjes gesneden rode ui
- 1 kopje in blokjes gesneden selderij
- 1 kopje in blokjes gesneden courgette
- 1 kopje in blokjes gesneden champignons
- 4 kopjes gepelde, in blokjes gesneden tomaten (ongeveer 8 middelgrote tomaten)
- 1 kopje tomatensap
- 2 eetlepels tomatenpuree
- 2 eetlepels gehakte verse basilicum
- 1 eetlepel gehakte verse oregano
- 1 theelepel gehakte knoflook

INSTRUCTIES:
a) Begin met het in blokjes snijden van de ui, selderij, courgette en champignons in stukjes van ½ inch.
b) Bak de in blokjes gesneden groenten in een pan ongeveer 5 minuten in balsamicoazijn tot ze lichtjes zacht zijn.
c) Voeg de in blokjes gesneden tomaten toe aan de pan, samen met het tomatensap, de tomatenpuree, de gehakte kruiden (basilicum en oregano) en de gehakte knoflook.
d) Laat de saus ongeveer 20 minuten op middelhoog vuur sudderen, of totdat deze met ongeveer een derde is ingekookt.
e) Zodra de saus de gewenste consistentie heeft bereikt en de smaken zijn versmolten, serveer je hem over pasta voor een heerlijke maaltijd.

69. Marinarasaus van 30 minuten

INGREDIËNTEN:
- 28 ons ingeblikte tomaten
- 16 ons tomatensaus
- 5 ½ ons tomatenpuree
- ½ kopje gehakte groene paprika
- ½ kopje gehakte uien
- ½ kopje in blokjes gesneden courgette
- 1 kopje gehakte champignons
- ½ kopje gehakte wortelen
- 1 theelepel basilicum
- 1 theelepel marjolein
- ½ theelepel oregano
- ½ theelepel rozemarijn
- 3 teentjes gehakte knoflook
- 3 eetlepels olijfolie

INSTRUCTIES:
a) Verhit olijfolie in een grote pan op middelhoog vuur.
b) Voeg gehakte groene paprika, uien, courgette, champignons, wortels, gehakte knoflook en kruiden (basilicum, marjolein, oregano, rozemarijn) toe aan de pan. Bak tot de uien glazig zijn en de groenten enigszins zacht zijn.
c) Voeg de tomaten uit blik, de tomatensaus en de tomatenpuree toe aan de pan. Verdeel de hele tomaten met een lepel.
d) Breng het mengsel aan de kook en laat het 30 minuten koken, af en toe roeren.
e) Zodra de saus is ingedikt en de smaken zijn versmolten, is deze klaar voor gebruik in elk recept waarvoor pastasaus nodig is.

70. Knoflook Marinara

INGREDIËNTEN:
- 1 (8 oz) blik Italiaanse pruimtomaatjes
- 2 teentjes knoflook, geperst
- 2 eetlepels olijfolie
- 2 snufjes oregano
- 1 theelepel gehakte peterselie

INSTRUCTIES:
a) Giet de Italiaanse pruimtomaatjes af en snij ze in kleine stukjes.
b) Verhit de olijfolie in een koekenpan op middelhoog vuur. Voeg de geperste knoflook toe en bak ongeveer een minuut, of tot hij goudbruin is.
c) Haal de knoflook uit de pan en gooi deze weg.
d) Voeg de gehakte tomaten toe aan de pan en bak ongeveer 4 minuten, tot ze zacht beginnen te worden.
e) Roer de oregano en de gehakte peterselie erdoor en bak nog een minuut zodat de smaken zich kunnen vermengen.
f) Haal de Marinara-saus van het vuur en gebruik zoals gewenst.

71. Pastasaus Marinara

INGREDIËNTEN:
- 2 grote teentjes knoflook, gepeld
- 20 grote takjes Italiaanse peterselie, alleen de blaadjes
- 1/2 kopje olijfolie
- 2 pond rijpe tomaten of dezelfde hoeveelheid ingeblikt
- Zout en versgemalen zwarte peper

INSTRUCTIES:
a) Snijd de knoflookteentjes fijn en hak de peterselieblaadjes grof.
b) Verhit de olijfolie in een grote pan op middelhoog vuur. Voeg de gehakte knoflook en peterselie toe en bak ongeveer twee minuten. Zorg ervoor dat ze niet te veel kleuren.
c) Als u verse tomaten gebruikt, snijd ze dan in stukken van 1 inch. Voeg de verse tomaten of de tomaten uit blik toe aan de pan en kook nog eens 25 minuten, af en toe roerend.
d) Haal de inhoud van de pan door een voedselmolen, waarbij u de schijf met de kleinste gaatjes gebruikt. Als u de voorkeur geeft aan een saus met stukjes tomaat, kunt u deze stap ook overslaan.
e) Breng de saus op smaak met zout en versgemalen zwarte peper.
f) Laat de saus nog eens 10 minuten op middelhoog vuur inkoken en serveer.

72.Salsa Marinara

INGREDIËNTEN:
- 1 kopje gehakte ui
- 2 teentjes knoflook, fijngehakt
- 1/3 kopje olijfolie
- 2 pond stevige rijpe tomaten, zonder klokhuis, in stukken van 1 inch gesneden - of - 2 blikjes (28 ounce) gepelde hele Italiaanse pruimtomaten
- Zout en versgemalen peper, naar smaak

INSTRUCTIES:
a) In een grote pan op matig vuur kook je de gehakte ui, de gehakte knoflook en de olijfolie, af en toe roerend gedurende ongeveer 5 minuten tot de ui zacht is.
b) Voeg de tomaten toe aan de pan, samen met zout en versgemalen peper naar smaak.
c) Laat het mengsel, afgedekt en af en toe roerend, ongeveer 20 minuten sudderen tot de tomaten zacht zijn en de smaken zijn versmolten.
d) Pureer het mengsel desgewenst in een keukenmachine of blender, of haal het door de schijf van een voedselmolen voor een gladdere consistentie.
e) Serveer de salsa marinara over pasta, of gebruik hem als dipsaus voor brood of groenten.

73. Geroosterde Knoflooktomaat Marinara

INGREDIËNTEN:

- 2 lbs (ongeveer 900 g) rijpe tomaten, gehalveerd
- 1 ui, gehakt
- 4 teentjes knoflook, fijngehakt
- 2 eetlepels olijfolie
- 1 theelepel gedroogde oregano
- 1 theelepel gedroogde basilicum
- Zout en peper naar smaak
- Verse basilicumblaadjes, gehakt (voor garnering)

INSTRUCTIES:

a) Verwarm de oven voor op 200 °C. Leg de gehalveerde tomaten op een bakplaat, met de snijkant naar boven.
b) Besprenkel met olijfolie en bestrooi met gehakte knoflook, gesnipperde ui, gedroogde oregano, gedroogde basilicum, zout en peper.
c) Rooster in de oven gedurende ongeveer 30-40 minuten, of tot de tomaten gekarameliseerd en zacht zijn.
d) Haal uit de oven en laat iets afkoelen. Doe de geroosterde tomaten en knoflook in een blender of keukenmachine en mix tot een gladde massa.
e) Verhit een eetlepel olijfolie in een pan op middelhoog vuur. Giet het gemengde tomatenmengsel in de pan.
f) Laat de saus ongeveer 15-20 minuten sudderen, af en toe roeren, tot hij dikker wordt tot de gewenste consistentie.
g) Breng indien nodig op smaak met extra zout en peper.
h) Serveer de geroosterde knoflook-tomaat-marinarasaus over gekookte pasta of gebruik het als dipsaus voor broodstengels. Garneer voor het serveren met gehakte verse basilicumblaadjes.

74. Champignon Tomaat Marinara

INGREDIËNTEN:
- 2 eetlepels olijfolie
- 225 g champignons, in plakjes gesneden
- 1 ui, gehakt
- 4 teentjes knoflook, fijngehakt
- 800 g geplette tomaten uit blik
- 1 theelepel gedroogde oregano
- 1 theelepel gedroogde basilicum
- Zout en peper naar smaak
- Verse peterselie, gehakt (voor garnering)

INSTRUCTIES:
a) Verhit olijfolie in een koekenpan op middelhoog vuur. Voeg de gesneden champignons en de gehakte ui toe. Bak tot de champignons goudbruin zijn en de uien zacht zijn, ongeveer 5-7 minuten.
b) Voeg de gehakte knoflook toe aan de koekenpan en kook nog 1-2 minuten tot het geurig is.
c) Giet de geplette tomaten uit blik erbij en roer de gedroogde oregano en basilicum erdoor. Breng op smaak met zout en peper.
d) Laat de saus ongeveer 15-20 minuten sudderen, af en toe roeren, tot hij dikker wordt tot de gewenste consistentie.
e) Proef en pas eventueel de smaak aan.
f) Serveer de champignon-tomatenmarinarasaus over gekookte pasta. Garneer voor het serveren met gehakte verse peterselie.

75.Pittige Rode Paprika Tomaat Marinara

INGREDIËNTEN:
- 2 eetlepels olijfolie
- 1 ui, gehakt
- 4 teentjes knoflook, fijngehakt
- 800 g geplette tomaten uit blik
- 1 theelepel gedroogde oregano
- 1 theelepel gedroogde basilicum
- 1/2 theelepel rode pepervlokken (naar smaak aanpassen)
- Zout en peper naar smaak
- Verse basilicumblaadjes, gehakt (voor garnering)

INSTRUCTIES:

a) Verhit olijfolie in een pan op middelhoog vuur. Voeg de gesnipperde ui en de gehakte knoflook toe. Bak tot de uien doorzichtig zijn en de knoflook geurig is, ongeveer 5-7 minuten.

b) Giet de geplette tomaten uit blik erbij en roer de gedroogde oregano, basilicum en rode pepervlokken erdoor. Breng op smaak met zout en peper.

c) Laat de saus ongeveer 15-20 minuten sudderen, af en toe roeren, tot hij dikker wordt tot de gewenste consistentie.

d) Proef en pas eventueel de smaak aan.

e) Serveer de pittige tomatenmarinarasaus over gekookte pasta. Garneer voor het serveren met gehakte verse basilicumblaadjes.

76.Spinazie Tomaat Marinara

INGREDIËNTEN:
- 2 eetlepels olijfolie
- 4 teentjes knoflook, fijngehakt
- 4 kopjes verse spinazieblaadjes
- 800 g geplette tomaten uit blik
- 1 theelepel gedroogde oregano
- 1 theelepel gedroogde basilicum
- Zout en peper naar smaak
- Vers geraspte Parmezaanse kaas (ter garnering)

INSTRUCTIES:
a) Verhit olijfolie in een koekenpan op middelhoog vuur. Voeg de gehakte knoflook toe en bak 1-2 minuten tot het geurig is.
b) Voeg de verse spinazieblaadjes toe aan de koekenpan en kook tot ze verwelkt zijn, ongeveer 2-3 minuten.
c) Giet de geplette tomaten uit blik erbij en roer de gedroogde oregano en basilicum erdoor. Breng op smaak met zout en peper.
d) Laat de saus ongeveer 15-20 minuten sudderen, af en toe roeren, tot hij dikker wordt tot de gewenste consistentie.
e) Proef en pas eventueel de smaak aan.
f) Serveer de spinazie-tomaat-marinarasaus over gekookte pasta. Garneer voor het serveren met vers geraspte Parmezaanse kaas.

TOMATEN ARRABBIATA SAUS

77. Klassieke tomatenarrabbiatasaus

INGREDIËNTEN:
- 2 eetlepels olijfolie
- 4 teentjes knoflook, fijngehakt
- 1/2 theelepel rode pepervlokken (naar smaak aanpassen)
- 28 ons ingeblikte geplette tomaten
- Zout en peper naar smaak

INSTRUCTIES:
a) Verhit olijfolie in een pan op middelhoog vuur.
b) Voeg gehakte knoflook en rode pepervlokken toe en bak 1-2 minuten tot het geurig is.
c) Giet de geplette tomaten erbij en breng op smaak met peper en zout.
d) Laat ongeveer 15-20 minuten sudderen tot de saus dikker wordt. Pas indien nodig de kruiden aan.
e) Serveer de gekookte pasta en geniet ervan!

78. Geroosterde Tomaten Arrabbiatasaus

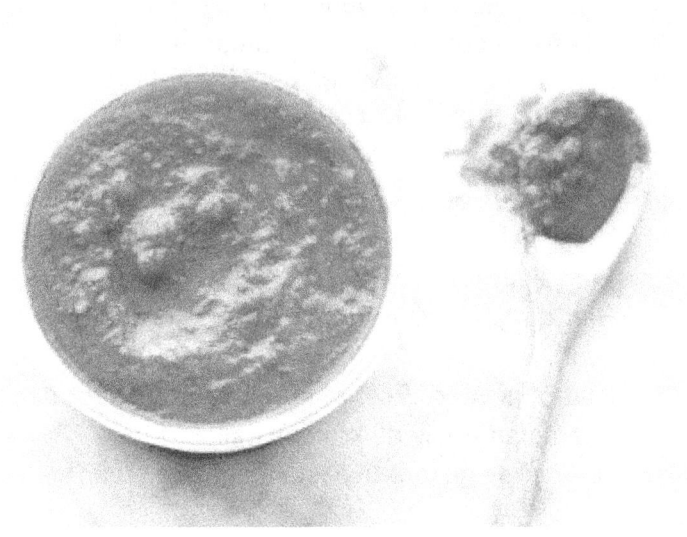

INGREDIËNTEN:
- 2 pond rijpe tomaten, gehalveerd
- 2 eetlepels olijfolie
- 4 teentjes knoflook, fijngehakt
- 1/2 theelepel rode pepervlokken (naar smaak aanpassen)
- Zout en peper naar smaak

INSTRUCTIES:
a) Verwarm de oven voor op 200 °C. Leg de gehalveerde tomaten op een bakplaat.
b) Besprenkel met olijfolie en breng op smaak met peper en zout. Rooster ongeveer 30-40 minuten tot de tomaten zacht en gekaramelliseerd zijn.
c) Verhit olijfolie in een pan op middelhoog vuur. Voeg gehakte knoflook en rode pepervlokken toe en bak 1-2 minuten.
d) Voeg de geroosterde tomaten toe aan de pan en pureer ze met een vork of aardappelstamper.
e) Laat 10-15 minuten sudderen tot de saus dikker wordt. Pas indien nodig de kruiden aan.
f) Serveer over pasta en geniet van de rijke smaak van geroosterde tomaten!

79. Pittige Tomatenarrabbiatasaus met Pancetta

INGREDIËNTEN:
- 2 eetlepels olijfolie
- 4 ons pancetta, in blokjes gesneden
- 4 teentjes knoflook, fijngehakt
- 1/2 theelepel rode pepervlokken (naar smaak aanpassen)
- 28 ons ingeblikte geplette tomaten
- Zout en peper naar smaak

INSTRUCTIES:
a) Verhit olijfolie in een pan op middelhoog vuur. Voeg de in blokjes gesneden pancetta toe en bak tot ze knapperig zijn.
b) Voeg gehakte knoflook en rode pepervlokken toe en bak nog een minuut.
c) Giet de geplette tomaten erbij en breng op smaak met peper en zout.
d) Laat ongeveer 15-20 minuten sudderen tot de saus dikker wordt. Pas indien nodig de kruiden aan.
e) Serveer over pasta voor een heerlijk pittig en hartig gerecht!

80. Veganistische Arrabbiata-tomatensaus

INGREDIËNTEN:
- 2 eetlepels olijfolie
- 4 teentjes knoflook, fijngehakt
- 1/2 theelepel rode pepervlokken (naar smaak aanpassen)
- 28 ons ingeblikte geplette tomaten
- Zout en peper naar smaak
- Verse basilicumblaadjes, gehakt (optioneel, voor garnering)

INSTRUCTIES:
a) Verhit olijfolie in een pan op middelhoog vuur. Voeg gehakte knoflook en rode pepervlokken toe en bak 1-2 minuten.
b) Giet de geplette tomaten erbij en breng op smaak met peper en zout.
c) Laat ongeveer 15-20 minuten sudderen tot de saus dikker wordt. Pas indien nodig de kruiden aan.
d) Serveer overgekookte pasta en garneer met verse basilicumblaadjes voor een levendig en smaakvol veganistisch gerecht!

81. Romige Tomaten Arrabbiatasaus

INGREDIËNTEN:
- 2 eetlepels olijfolie
- 4 teentjes knoflook, fijngehakt
- 1/2 theelepel rode pepervlokken (naar smaak aanpassen)
- 28 ons ingeblikte geplette tomaten
- 1/2 kop zware room
- Zout en peper naar smaak

INSTRUCTIES:
a) Verhit olijfolie in een pan op middelhoog vuur. Voeg gehakte knoflook en rode pepervlokken toe en bak 1-2 minuten.
b) Giet de geplette tomaten erbij en breng aan de kook.
c) Roer de slagroom erdoor en laat nog 5-10 minuten sudderen tot de saus dikker wordt.
d) Breng op smaak met zout en peper.
e) Serveer overgekookte pasta voor een rijke en romige draai aan de klassieke Arrabbiata-saus!

82. Arrabbiatasaus van geroosterde rode paprika

INGREDIËNTEN:
- 2 eetlepels olijfolie
- 1 ui, gehakt
- 2 teentjes knoflook, fijngehakt
- 1/2 theelepel rode pepervlokken (naar smaak aanpassen)
- 2 geroosterde rode paprika's, geschild en in stukjes gesneden
- 28 ons ingeblikte geplette tomaten
- Zout en peper naar smaak

INSTRUCTIES:
a) Verhit olijfolie in een pan op middelhoog vuur. Voeg de gesnipperde ui toe en bak tot deze glazig is.
b) Voeg gehakte knoflook en rode pepervlokken toe en bak nog een minuut.
c) Roer de gehakte geroosterde rode paprika en geplette tomaten erdoor. Breng aan de kook.
d) Laat ongeveer 15-20 minuten sudderen tot de saus dikker wordt.
e) Breng op smaak met zout en peper.
f) Serveer over pasta voor een smaakvolle en licht rokerige variant van Arrabbiatasaus!

83. Arrabbiatasaus van zongedroogde tomaten

INGREDIËNTEN:
- 2 eetlepels olijfolie
- 4 teentjes knoflook, fijngehakt
- 1/2 theelepel rode pepervlokken (naar smaak aanpassen)
- 1/2 kop gehakte zongedroogde tomaten (verpakt in olie)
- 28 ons ingeblikte geplette tomaten
- Zout en peper naar smaak

INSTRUCTIES:
a) Verhit olijfolie in een pan op middelhoog vuur. Voeg gehakte knoflook en rode pepervlokken toe en bak 1-2 minuten.
b) Roer de gehakte zongedroogde tomaten en de geplette tomaten uit blik erdoor. Breng aan de kook.
c) Laat ongeveer 15-20 minuten sudderen tot de saus dikker wordt.
d) Breng op smaak met zout en peper.
e) Serveer overgekookte pasta voor een pittige en hartige draai aan de traditionele Arrabbiata-saus!

84. Champignon Arrabbiatasaus

INGREDIËNTEN:
- 2 eetlepels olijfolie
- 8 ons champignons, in plakjes gesneden
- 4 teentjes knoflook, fijngehakt
- 1/2 theelepel rode pepervlokken (naar smaak aanpassen)
- 28 ons ingeblikte geplette tomaten
- Zout en peper naar smaak

INSTRUCTIES:
a) Verhit olijfolie in een pan op middelhoog vuur. Voeg de gesneden champignons toe en bak tot ze goudbruin zijn.
b) Voeg gehakte knoflook en rode pepervlokken toe en bak nog een minuut.
c) Roer de geplette tomaten uit blik erdoor en breng aan de kook.
d) Laat ongeveer 15-20 minuten sudderen tot de saus dikker wordt.
e) Breng op smaak met zout en peper.
f) Serveer overgekookte pasta voor een stevige en smaakvolle champignon-arrabbiatasaus!

TOMATEN ROOMSAUS

85. Zongedroogde tomatenroomsaus

INGREDIËNTEN:
- 2 eetlepels olijfolie
- 2 teentjes knoflook, fijngehakt
- 1/2 kopje zongedroogde tomaten, gehakt
- 1 blikje (14 ons) tomatenblokjes
- 1 kopje zware room
- Zout en peper naar smaak
- Verse peterselie, gehakt (optioneel, voor garnering)

INSTRUCTIES:
a) Verhit olijfolie in een pan op middelhoog vuur. Voeg gehakte knoflook toe en bak tot het geurig is.
b) Voeg de fijngesneden zongedroogde tomaten en de in blokjes gesneden tomaten toe. Laat 10 minuten sudderen.
c) Roer de slagroom erdoor en laat nog 5 minuten sudderen tot de saus dikker wordt.
d) Breng op smaak met zout en peper.
e) Garneer indien gewenst met verse gehakte peterselie.
f) Serveer overgekookte pasta voor een rijke en heerlijke zongedroogde tomatenroomsaus.

86. Wodka-tomatenroomsaus

INGREDIËNTEN:
- 2 eetlepels olijfolie
- 2 teentjes knoflook, fijngehakt
- 1 blik (14 ons) geplette tomaten
- 1/4 kopje wodka
- 1 kopje zware room
- Zout en peper naar smaak
- Verse basilicum, gehakt (optioneel, voor garnering)

INSTRUCTIES:
a) Verhit olijfolie in een pan op middelhoog vuur. Voeg gehakte knoflook toe en bak tot het geurig is.
b) Giet de geplette tomaten en wodka erbij. Laat 10 minuten sudderen.
c) Roer de slagroom erdoor en laat nog 5 minuten sudderen tot de saus dikker wordt.
d) Breng op smaak met zout en peper.
e) Garneer eventueel met vers gehakte basilicum.
f) Serveer overgekookte pasta voor een luxe tomatenroomsaus met wodka.

87.Geroosterde Knoflook Tomaten Roomsaus

INGREDIËNTEN:
- 2 eetlepels boter
- 4 teentjes knoflook, geroosterd en gepureerd
- 1 blik (14 ons) geplette tomaten
- 1 kopje zware room
- Zout en peper naar smaak
- Verse tijm, gehakt (optioneel, voor garnering)

INSTRUCTIES:
a) Smelt de boter in een pan op middelhoog vuur. Voeg de gepureerde geroosterde knoflook toe en bak 1-2 minuten.
b) Giet de geplette tomaten erbij en laat 5-7 minuten sudderen.
c) Roer de slagroom erdoor en laat nog 5 minuten sudderen tot de saus iets dikker wordt.
d) Breng op smaak met zout en peper.
e) Garneer eventueel met vers gehakte tijm.
f) Serveer overgekookte pasta voor een hartige en aromatische geroosterde knoflook-tomatenroomsaus.

88. Romige Cherry Tomatensaus met Parmezaanse kaas

INGREDIËNTEN:
- 2 volle kopjes hele kerstomaatjes
- 2 tot 3 eetlepels room
- 1/3 kopje geraspte Parmezaanse kaas
- Zout en peper naar smaak

INSTRUCTIES:
a) Verhit een pan op middelhoog vuur en voeg de kerstomaatjes toe. Kook tot de tomaten zacht zijn en beginnen te barsten. Je kunt dit proces helpen door met een vork in de tomaten te prikken.
b) Laat het sap in de pan lopen en zet het vuur laag.
c) Voeg de room toe aan de pan en laat koken tot deze heet is.
d) Haal van het vuur en roer de geraspte Parmezaanse kaas, zout en peper erdoor.
e) Gebruik deze tomatenroomsaus als pasta- of pizzasaus, smeer hem op toast of roer hem door de risotto.

89. Basilicum-tomatenroomsaus

INGREDIËNTEN:
- 2 eetlepels olijfolie
- 4 teentjes knoflook, fijngehakt
- 1 blikje tomatenblokjes (14 oz).
- 1/2 kop tomatensaus
- 1 theelepel gedroogde basilicum
- 1/2 kop zware room
- Zout en peper naar smaak
- Verse basilicumblaadjes, gehakt (voor garnering)
- Geraspte Parmezaanse kaas (voor garnering)

INSTRUCTIES:
a) Verhit olijfolie in een koekenpan op middelhoog vuur. Voeg de gehakte knoflook toe en bak tot het geurig is, ongeveer 1 minuut.
b) Voeg de in blokjes gesneden tomaten en de tomatensaus toe aan de koekenpan. Roer de gedroogde basilicum erdoor.
c) Laat de saus ongeveer 10 minuten sudderen, af en toe roeren.
d) Giet de slagroom erbij en roer tot alles goed gemengd is. Laat nog 5 minuten sudderen.
e) Breng op smaak met zout en peper.
f) Serveer de basilicum-tomatenroomsaus over gekookte pasta. Garneer voor het serveren met gehakte verse basilicumblaadjes en geraspte Parmezaanse kaas.

90.Pittige Tomatenroomsaus

INGREDIËNTEN:
- 2 eetlepels olijfolie
- 4 teentjes knoflook, fijngehakt
- 1 blikje tomatenblokjes (14 oz).
- 1/2 kopje tomatensaus
- 1 theelepel gedroogde oregano
- 1/2 theelepel rode pepervlokken (naar smaak aanpassen)
- 1/2 kop zware room
- Zout en peper naar smaak
- Verse peterselie, gehakt (voor garnering)

INSTRUCTIES:
a) Verhit olijfolie in een koekenpan op middelhoog vuur. Voeg de gehakte knoflook toe en bak tot het geurig is, ongeveer 1 minuut.
b) Voeg de in blokjes gesneden tomaten en de tomatensaus toe aan de koekenpan. Roer de gedroogde oregano en rode pepervlokken erdoor.
c) Laat de saus ongeveer 10 minuten sudderen, af en toe roeren.
d) Giet de slagroom erbij en roer tot alles goed gemengd is. Laat nog 5 minuten sudderen.
e) Breng op smaak met zout en peper.
f) Serveer de pittige tomatenroomsaus over gekookte pasta. Garneer voor het serveren met gehakte verse peterselie.

91. Champignon Tomaten Roomsaus

INGREDIËNTEN:

- 2 eetlepels boter
- 225 g champignons, in plakjes gesneden
- 4 teentjes knoflook, fijngehakt
- 1 blikje tomatenblokjes (14 oz).
- 1/2 kop tomatensaus
- 1/2 kop zware room
- Zout en peper naar smaak
- Verse tijmblaadjes, gehakt (voor garnering)

INSTRUCTIES:

a) Smelt boter in een koekenpan op middelhoog vuur. Voeg de gesneden champignons toe en bak ze goudbruin, ongeveer 5-7 minuten.
b) Voeg de gehakte knoflook toe aan de koekenpan en bak nog 1-2 minuten.
c) Giet de in blokjes gesneden tomaten en tomatensaus erbij. Roer om te combineren.
d) Laat de saus ongeveer 10 minuten sudderen, af en toe roeren.
e) Giet de slagroom erbij en roer tot alles goed gemengd is. Laat nog 5 minuten sudderen.
f) Breng op smaak met zout en peper.
g) Serveer de champignon-tomatenroomsaus over gekookte pasta. Garneer voor het serveren met gehakte verse tijmblaadjes.

92.Spinazie Tomaten Roomsaus

INGREDIËNTEN:
- 2 eetlepels olijfolie
- 4 teentjes knoflook, fijngehakt
- 4 kopjes verse spinazieblaadjes
- 1 blikje tomatenblokjes (14 oz).
- 1/2 kop tomatensaus
- 1/2 kop zware room
- Zout en peper naar smaak
- Geraspte Parmezaanse kaas (voor garnering)

INSTRUCTIES:
a) Verhit olijfolie in een koekenpan op middelhoog vuur. Voeg de gehakte knoflook toe en bak tot het geurig is, ongeveer 1 minuut.
b) Voeg de verse spinazieblaadjes toe aan de koekenpan en kook tot ze verwelkt zijn, ongeveer 2-3 minuten.
c) Giet de in blokjes gesneden tomaten en tomatensaus erbij. Roer om te combineren.
d) Laat de saus ongeveer 10 minuten sudderen, af en toe roeren.
e) Giet de slagroom erbij en roer tot alles goed gemengd is. Laat nog 5 minuten sudderen.
f) Breng op smaak met zout en peper.
g) Serveer de spinazie-tomatenroomsaus over gekookte pasta. Garneer voor het serveren met geraspte Parmezaanse kaas.

93. Roomsaus van zongedroogde tomaten en basilicum

INGREDIËNTEN:
- 1 eetlepel olijfolie
- 4 teentjes knoflook, fijngehakt
- 1/4 kopje zongedroogde tomaten, gehakt
- 1 blikje tomatenblokjes (14 oz).
- 1/2 kop zware room
- 1 theelepel gedroogde basilicum
- Zout en peper naar smaak
- Verse basilicumblaadjes, gehakt (voor garnering)

INSTRUCTIES:

a) Verhit olijfolie in een koekenpan op middelhoog vuur. Voeg gehakte knoflook en gehakte zongedroogde tomaten toe en bak tot ze geurig zijn.

b) Giet de in blokjes gesneden tomaten erbij. Roer om te combineren en laat ongeveer 10 minuten sudderen.

c) Zet het vuur lager en roer de slagroom en gedroogde basilicum erdoor. Laat de saus nog 5 minuten doorkoken, af en toe roeren.

d) Breng op smaak met zout en peper.

e) Serveer de zongedroogde tomaat en basilicumroomsaus over gekookte pasta. Garneer voor het serveren met gehakte verse basilicumblaadjes.

94.Tomaat en geroosterde rode peperroomsaus

INGREDIËNTEN:
- 1 eetlepel olijfolie
- 4 teentjes knoflook, fijngehakt
- 1/2 kopje geroosterde rode paprika, in blokjes gesneden
- 1 blikje tomatenblokjes (14 oz).
- 1/2 kop zware room
- Zout en peper naar smaak
- Verse peterselie, gehakt (voor garnering)

INSTRUCTIES:
a) Verhit olijfolie in een koekenpan op middelhoog vuur. Voeg gehakte knoflook en in blokjes gesneden geroosterde rode paprika toe en bak tot het geurig is.
b) Giet de in blokjes gesneden tomaten erbij. Roer om te combineren en laat ongeveer 10 minuten sudderen.
c) Zet het vuur laag en roer de slagroom erdoor. Laat de saus nog 5 minuten doorkoken, af en toe roeren.
d) Breng op smaak met zout en peper.
e) Serveer de tomaat en de geroosterde rode peperroomsaus over gekookte pasta. Garneer voor het serveren met gehakte verse peterselie.

95.Tomaten- en Geitenkaasroomsaus

INGREDIËNTEN:
- 1 eetlepel olijfolie
- 4 teentjes knoflook, fijngehakt
- 4 oz (113 g) geitenkaas
- 1 blikje tomatenblokjes (14 oz).
- 1/2 kop zware room
- Zout en peper naar smaak
- Verse tijmblaadjes, gehakt (voor garnering)

INSTRUCTIES:
a) Verhit olijfolie in een koekenpan op middelhoog vuur. Voeg gehakte knoflook toe en bak tot het geurig is.
b) Voeg de geitenkaas toe aan de koekenpan en roer tot deze gesmolten is.
c) Giet de in blokjes gesneden tomaten erbij. Roer om te combineren en laat ongeveer 10 minuten sudderen.
d) Zet het vuur laag en roer de slagroom erdoor. Laat de saus nog 5 minuten doorkoken, af en toe roeren.
e) Breng op smaak met zout en peper.
f) Serveer de tomaten- en geitenkaasroomsaus over gekookte pasta. Garneer voor het serveren met gehakte verse tijmblaadjes.

96. Tomaten- en Gorgonzola-roomsaus

INGREDIËNTEN:
- 1 eetlepel olijfolie
- 4 teentjes knoflook, fijngehakt
- 4 oz (113 g) Gorgonzola-kaas
- 1 blikje tomatenblokjes (14 oz).
- 1/2 kop zware room
- Zout en peper naar smaak
- Verse peterselie, gehakt (voor garnering)

INSTRUCTIES:
a) Verhit olijfolie in een koekenpan op middelhoog vuur. Voeg gehakte knoflook toe en bak tot het geurig is.
b) Voeg Gorgonzola-kaas toe aan de koekenpan en roer tot het gesmolten is.
c) Giet de in blokjes gesneden tomaten erbij. Roer om te combineren en laat ongeveer 10 minuten sudderen.
d) Zet het vuur laag en roer de slagroom erdoor. Laat de saus nog 5 minuten doorkoken, af en toe roeren.
e) Breng op smaak met zout en peper.
f) Serveer de tomaten- en gorgonzola-roomsaus over gekookte pasta. Garneer voor het serveren met gehakte verse peterselie.

97. Bacon Tomaten Roomsaus

INGREDIËNTEN:
- 4 plakjes spek, gehakt
- 2 eetlepels boter
- 4 teentjes knoflook, fijngehakt
- 1 blikje tomatenblokjes (14 oz).
- 1/2 kop tomatensaus
- 1/2 kop zware room
- Zout en peper naar smaak
- Verse peterselie, gehakt (voor garnering)

INSTRUCTIES:
a) Kook het gehakte spek in een koekenpan op middelhoog vuur tot het knapperig is. Haal het spek uit de pan en zet het opzij, maar laat het gesmolten vet in de pan.
b) Voeg de boter toe aan de koekenpan met het gesmolten spekvet. Voeg, zodra het gesmolten is, de gehakte knoflook toe en bak tot het geurig is.
c) Giet de in blokjes gesneden tomaten en tomatensaus erbij. Roer om te combineren.
d) Laat de saus ongeveer 10 minuten sudderen, af en toe roeren.
e) Giet de slagroom erbij en roer tot alles goed gemengd is. Laat nog 5 minuten sudderen.
f) Breng op smaak met zout en peper.
g) Serveer de spek-tomatenroomsaus over gekookte pasta. Garneer voor het serveren met gehakte verse peterselie en knapperig spek.

98. Kruidentomatenroomsaus

INGREDIËNTEN:
- 2 eetlepels olijfolie
- 4 teentjes knoflook, fijngehakt
- 1 blikje tomatenblokjes (14 oz).
- 1/2 kop tomatensaus
- 1 theelepel gedroogde tijm
- 1 theelepel gedroogde rozemarijn
- 1/2 kop zware room
- Zout en peper naar smaak
- Verse basilicumblaadjes, gehakt (voor garnering)

INSTRUCTIES:
a) Verhit olijfolie in een koekenpan op middelhoog vuur. Voeg de gehakte knoflook toe en bak tot het geurig is, ongeveer 1 minuut.
b) Voeg de in blokjes gesneden tomaten en de tomatensaus toe aan de koekenpan. Roer de gedroogde tijm en rozemarijn erdoor.
c) Laat de saus ongeveer 10 minuten sudderen, af en toe roeren.
d) Giet de slagroom erbij en roer tot alles goed gemengd is. Laat nog 5 minuten sudderen.
e) Breng op smaak met zout en peper.
f) Serveer de kruidentomatenroomsaus over gekookte pasta. Garneer voor het serveren met gehakte verse basilicumblaadjes.

99.Garnalen Tomaten Roomsaus

INGREDIËNTEN:
- 1 eetlepel olijfolie
- 450 g garnalen, gepeld en ontdaan van de darmen
- Zout en peper naar smaak
- 2 eetlepels boter
- 4 teentjes knoflook, fijngehakt
- 1 blikje tomatenblokjes (14 oz).
- 1/2 kop tomatensaus
- 1/2 kop zware room
- Verse peterselie, gehakt (voor garnering)

INSTRUCTIES:
a) Verhit olijfolie in een koekenpan op middelhoog vuur. Breng de garnalen op smaak met zout en peper en doe ze in de pan. Kook tot het roze en ondoorzichtig is, ongeveer 2-3 minuten per kant. Haal de garnalen uit de pan en zet opzij.

b) Smelt de boter in dezelfde koekenpan. Voeg de gehakte knoflook toe en bak tot het geurig is, ongeveer 1 minuut.

c) Giet de in blokjes gesneden tomaten en tomatensaus erbij. Roer om te combineren.

d) Laat de saus ongeveer 10 minuten sudderen, af en toe roeren.

e) Giet de slagroom erbij en roer tot alles goed gemengd is. Laat nog 5 minuten sudderen.

f) Doe de gekookte garnalen terug in de pan en roer ze door de saus.

g) Serveer de garnalen-tomatenroomsaus over gekookte pasta. Garneer voor het serveren met gehakte verse peterselie.

100.Romige Tomaat En Spinazie Alfredo

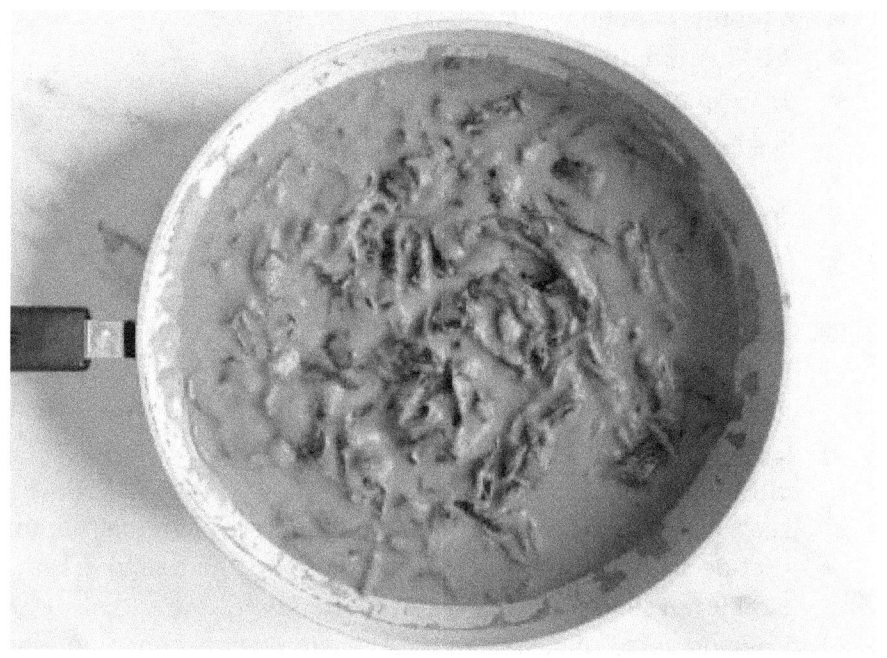

INGREDIËNTEN:
- 2 eetlepels boter
- 4 teentjes knoflook, fijngehakt
- 1 blikje tomatenblokjes (14 oz).
- 1/2 kop tomatensaus
- 1/2 kop zware room
- 1 kop verse spinazieblaadjes
- Zout en peper naar smaak
- Geraspte Parmezaanse kaas (voor garnering)

INSTRUCTIES:
a) Smelt de boter in een koekenpan op middelhoog vuur. Voeg de gehakte knoflook toe en bak tot het geurig is, ongeveer 1 minuut.
b) Giet de in blokjes gesneden tomaten en tomatensaus erbij. Roer om te combineren.
c) Laat de saus ongeveer 10 minuten sudderen, af en toe roeren.
d) Giet de slagroom erbij en roer tot alles goed gemengd is. Laat nog 5 minuten sudderen.
e) Voeg de verse spinazieblaadjes toe aan de koekenpan en roer tot ze geslonken zijn.
f) Breng op smaak met zout en peper.
g) Serveer de romige tomaten- en spinazie-Alfredo-saus over gekookte pasta. Garneer voor het serveren met geraspte Parmezaanse kaas.

CONCLUSIE

Terwijl we afscheid nemen van 'Het essentiële tomatensaus kookboek', doen we dat met een hart vol dankbaarheid voor de smaken waarvan we hebben genoten, de herinneringen die zijn gecreëerd en de culinaire avonturen die we onderweg hebben gedeeld. Via 100 hartige creaties die de veelzijdigheid en verrukkingen van tomatensaus vieren, zijn we begonnen aan een reis vol smaak, comfort en culinaire creativiteit, waarbij we de eindeloze mogelijkheden van dit eenvoudige maar buitengewone ingrediënt hebben onderzocht.

Maar onze reis eindigt hier niet. Terwijl we terugkeren naar onze keukens, gewapend met nieuwe inspiratie en waardering voor tomatensaus, laten we doorgaan met experimenteren, innoveren en creëren. Of we nu voor onszelf, onze dierbaren of gasten koken, moge de recepten in dit kookboek de komende jaren een bron van vreugde en voldoening zijn.

En terwijl we genieten van elke heerlijke hap met tomatensaus doordrenkte goedheid, laten we ons de eenvoudige geneugten van lekker eten, goed gezelschap en het plezier van koken herinneren. Bedankt dat je met ons meegaat op deze smaakvolle reis door de wereld van tomatensaus. Moge uw keuken altijd gevuld zijn met het rijke aroma van sudderende tomaten, en moge elk gerecht dat u maakt een viering zijn van smaak, traditie en culinaire uitmuntendheid.

www.ingramcontent.com/pod-product-compliance
Lightning Source LLC
Chambersburg PA
CBHW070418120526
44590CB00014B/1447